Friedrich Bechtel, Friedrich Bechtel

Die einstämmigen männlichen Personennamen des Griechischen,

Die aus Spitznamen hervorgegangen sind

Friedrich Bechtel, Friedrich Bechtel

Die einstämmigen männlichen Personennamen des Griechischen,
Die aus Spitznamen hervorgegangen sind

ISBN/EAN: 9783743457379

Hergestellt in Europa, USA, Kanada, Australien, Japan

Cover: Foto ©Thomas Meinert / pixelio.de

Manufactured and distributed by brebook publishing software (www.brebook.com)

Friedrich Bechtel, Friedrich Bechtel

Die einstämmigen männlichen Personennamen des Griechischen,

Die einstämmigen männlichen Personenna... des ...

Friedrich Bechtel

ABHANDLUNGEN
DER KÖNIGLICHEN GESELLSCHAFT DER WISSENSCHAFTEN ZU GÖTTINGEN.
PHILOLOGISCH-HISTORISCHE KLASSE.
NEUE FOLGE BAND 2. Nro. 5.

Die einstämmigen männlichen Personennamen
des Griechischen,
die aus Spitznamen hervorgegangen sind.

Von

Fritz Bechtel,
auswärtigem Mitgliede.

Berlin,
Weidmannsche Buchhandlung.
1898.

Seinem hochverehrten Lehrer

Dr. phil. Gustav Wendt,

Director des Grossh. Gymnasiums in Karlsruhe,

zu seinem fünfzigjährigen Doctorjubiläum

26. Januar 1898.

Die einstämmigen männlichen Personennamen des Griechischen, die aus Spitznamen hervorgegangen sind.

Von

Fritz Bechtel,

auswärtigem Mitgliede.

Vorgelegt in der Sitzung am 11. December 1897.

Der Komiker Anaxandrides hat sein Publicum mit den Worten apostrophiert:

Ὑμεῖς γὰρ ἀλλήλους ἀεὶ χλευάζετ', οἶδ' ἀκριβῶς·
Ἄν μὲν γὰρ ᾖ τις εὐπρεπής, Ἱερὸν γάμον καλεῖτε·
ἐὰν δὲ μικρὸν παντελῶς ἀνθρώπιον, στάλαγμον·
λαμπρός τις ἐξελήλυθ', [εὐθὺς] ὅλολυς οὗτός ἐστι·
5 λιπαρὸς περιπατεῖ Δημοκλῆς, ζωμὸς κατωνόμασται·
χαίρει τις αὐχμῶν ἢ ῥυπῶν, κονιορτὸς ἀνακέφηνεν·
ὕπισθεν ἀκολουθεῖ κόλαξ τωι, λέμβος ἐπικέκληται·
τὰ πόλλ' ἄδειπνος περιπατεῖ, νηστρινός ἐστι νῆστις·
εἰς τοὺς καλοὺς δ' ἄν τις βλέπῃ, καινὸς θεατροποιός·
10 ὑφείλετ' ἄρνα ποιμένος παίζων, Ἀτρεὺς ἐκλήθη·
ἐὰν δὲ κριόν, Φρίξος, ἂν δὲ κωδάριον, Ἰάσων·

(Meineke 3. 177). Diese Iamben zeugen von der nämlichen Virtuosität in, lustigem Tadel und Spott, wie die Namen, deren Betrachtung die Aufgabe der vorliegenden Abhandlung sein soll.

Ich glaube zeigen zu können, dass eine grosse Anzahl griechischer Männernamen aus einstämmigen Spitznamen hervorgegangen ist.

Der Spitzname ist seinem Herkommen nach ein Beiname, der durch ein im körperlichen, geistigen oder gesellschaftlichen Leben des Einzelnen hervortretendes abnormes Moment veranlasst wird[1]. Er tritt zunächst neben den bürger-

---

[1] Ueber Spitznamen hat Grasberger in der Schrift Die griechischen Stichnamen (Zweite Auflage 1883) gesprochen; einen Nachtrag dazu enthalten die Studien zu den griechischen Ortsnamen (1888).

lichen Namens, dessen Träger er aus der Schaar seiner Namensgenossen heraushebt. Aber dieses Herausheben kann mit solcher Energie geschehen, dass der bürgerliche Name darüber zu kurz kommt und der Spitzname allmählich an die Stelle des bürgerlichen rückt. In einzelnen Fällen setzt der Spitzname eine aus der Kinderstube stammende Bezeichnung fort. So verdankte Demosthenes, wie man aus Aischines 1. 126 ersieht, die ἐπωνυμία Βάτταλος seiner τίτθη, in deren Mund sie ein ὑποκόρισμα gewesen war. Ich verweise auch auf WSchulzes schöne Ausführung über die Anrede κυλλοπόδιον, mit der sich Hera Φ 331 an ihren Sohn Hephaistos wendet (Quaest. epic. 308).

Der Beweis dafür, dass ein Name aus einem Spitznamen hervorgegangen ist, liegt zunächst in seiner Bedeutung. Es hat nie zu den Idealen des Hellenen gehört mit einem dicken Bauche durch das Leben zu wandern. Eben darum ist es unmöglich, dass der Name Φύσκων, der uns schon im 6. Jahrhundert in Korinth begegnet, seinem Ursprunge nach etwas andres sei als ein Spitzname. Der, der ihn zuerst getragen hat, hat ihn nicht an der δεκάτη empfangen. Aber der Kampf, der sich zwischen Ernstnamen und Spitznamen entspann, kann zu Gunsten des Eindringlings schon zu der Zeit entschieden gewesen sein, wo der Träger seinen Namen in die Bürgerliste eintrug.

Der ursprüngliche Charakter eines Namens offenbart sich aber oft auch darin, dass er in der Function, die man ihm seiner Bedeutung nach zuschreiben würde, wirklich gefunden wird. Um bei Φύσκων zu bleiben: der siebente Ptolemaier führt den Beinamen ὁ Φύσκων. Oder es handle sich um Erklärung der Namen Κώθων und Μάσσος, die ursprünglich keine Ernstnamen sein können. Sie ist gefunden, sobald man bei Athenaios liest, warum der Athener Diotimos den Beinamen Χώνη empfangen hat: ἐντιθέμενος γὰρ τῶι στόματι χώνην ἀκαύστως ἔπινεν ἐπιχεομένου οἴνου· ὅθεν καὶ Χώνη ἐκεκλήθη, ὥς φησι Πολέμων (Athen. p. 436 e).

Der sicherste Beweis für die Herkunft eines das Zeichen des Spitznamens an der Stirne tragenden Namens würde der Umstand sein, dass neben ihm noch ein zweiter überliefert wäre, der als der von ihm verdrängte betrachtet werden könnte. Bei einer Anzahl Hetärennamen kann dieser Beweis wirklich geführt werden. Man lasse sich etwa, um Bekanntres zu übergehn, von Machon (bei Athen. p. 578 b—d) erzählen, wie der Name Μέλιττα allmählich hinter den Spitznamen Μανία zurückgetreten ist. Als Beispiel für die Ersetzung des Geburtsnamens durch die ἐπίκλησις beim freien Manne pflegt man die Metonomasie des Platon geltend zu machen. Mir will aber scheinen, dass diese Geschichte nicht die Ehre verdient hätte von Philologen wie Meineke (1. 288) und Müllenhoff (Zur Runenlehre 53) geglaubt zu werden.

Die Nachricht steht bei Diogenes Laertius (3. 5). Platons Lehrer im γυμνάσιον, heisst es, sei Ἀρίστων ὁ Ἀργεῖος παλαιστής gewesen; ἀφ' οὗ καὶ Πλάτων διὰ τὴν εὐεξίαν μετωνομάσθη, πρότερον Ἀριστοκλῆς ἀπὸ τοῦ πάππου καλούμενος, καθά φησιν Ἀλέξανδρος ἐν Διαδοχαῖς. Nach Andren (ἔνιοι) sei er διὰ τὴν πλατύτητα τῆς ἑρμηνείας so genannt worden; nach Neanthes aber, ὅτι πλατὺς ἦν τὸ μέτωπον. Was die ἔνιοι wissen wollen, braucht nicht ernsthaft genommen zu werden.

Von den beiden andren Varianten der Nachricht enthält keiner eine sprachlich unmögliche Voraussetzung; nichts desto weniger fehlt mir zu der Botschaft auch in diesen Formen der Glaube. Er fehlt mir darum, weil eine ganz ähnliche Nachricht über eine Umnennung des Theophrast verbreitet gewesen ist, in der deutlich ein Anekdotenschwabe sein Wesen treibt. Ausführlich trägt sie Strabon p. 618 vor: *Τύρταμος δ' ἐκαλεῖτο ἔμπροσθεν ὁ Θεόφραστος, μετωνόμασε δ' αὐτὸν Ἀριστοτέλης Θεόφραστον, ἅμα μὲν φεύγων τὴν τοῦ προτέρου ὀνόματος κακοφωνίαν, ἅμα δὲ τὸν τῆς φράσεως αὐτοῦ ζῆλον ἐπισημαινόμενος.* Kürzer Diog. Laert. 5. 2, c: *Τοῦτον Τύρταμον λεγόμενον Θεόφραστον διὰ τὸ τῆς φράσεως θεσπέσιον Ἀριστοτέλης μετωνόμασεν.* Grasberger nennt diese Erzählung eine bedeutungsvolle Angabe (Ortsnamen 332). Ich vermag nicht so günstig über sie zu urtheilen. An sich Mögliches enthält sie nur, soweit sie das Factum einer Namensänderung behauptet. Wenn sie aber auch wissen will, Aristoteles habe den neuen Namen zu Ehren der göttlichen *φράσις* seines Schülers gewählt, so ist sie leicht zu widerlegen: Aristoteles hätte in der Lage, in die ihn die Erzählung versetzt, nicht *φράσις* sondern *λέξις* gebraucht. Nun würde das behauptete Factum dadurch, dass späte Schriftsteller es nur aus eignen Mitteln zu begründen wissen, noch nicht selbst in das Reich der Erfindungen verwiesen werden. Aber man beachte, dass wir nun schon dem zweiten einflussreichen Philosophen begegnen, von dem eine Metonomasie gemeldet wird. Da liegt doch der Verdacht nahe, dass die Nachricht von der Namensänderung gerade so viel werth sei wie ihre Begründung, von Biographen herrühre, die, weil ihnen nur wenige verbürgte Data aus dem Lebensgange ihrer Helden zur Verfügung standen, zu Anekdoten griffen, um die magre Erzählung herauszuputzen. Bekannt ist, dass von Stesichoros ebenfalls eine Umnennung erzählt wird. Die des Platon braucht keinen festen Rückhalt zu haben, als den Wunsch zu erklären, warum der Sohn des Ariston, der Enkel des Aristokles nicht Aristokles sondern Platon geheissen habe.

An die Stelle dieses angefochtenen Beispieles will ich ein unanfechtbares setzen, das noch in andrer Beziehung lehrreich ist. Herodot erzählt von einem Spartiaten *Ζευξίδημος, τὸν δὴ Κυνίσκον μετεξέτεροι Σπαρτιητέων ἐκάλεον* (6. 71). Der Name *Κυνίσκος* ist allerdings wol kein eigentlicher Spitzname sondern einer der schmeichelnden Beinamen, denen wir nicht selten begegnen; immerhin aber doch ein Beiname. Dass in diesem Falle der Beiname den officiellen aus dem Felde geschlagen hat, ersieht man daraus, dass die Enkelin des Zeuxidamos, die *πρώτη τε ἱπποτρόφησε γυναικῶν καὶ νίκην ἀνείλετο Ὀλυμπικὴν πρώτη* (Paus. 3. 8, 1), *Κυνίσκα* hiess, auch auf der Basis, die sie nach Olympia gestiftet hat, sich selbst *Κυνίσκα* nannte (Olympia no. 160). Man gewinnt aus diesem Beispiele auch einen Einblick, wie ein Name, der ursprünglich nur den Werth eines Beinamens hat, von der Familie adoptiert und als Ehrenname verwendet wird. Xenophon nannte seinen Sohn *Γρύλος* nach seinem eignen Vater; in Sparta wechselten in einer Familie die Namen *Μόλοβρος* und *Ἐπικάδης* (vgl. Böckh CIG 1. 698). Sicher haben die Familienglieder, die zuerst als Ferkel begrüsst wurden, die Namen *Γρύλος* und

Μόλοβρος nur als ἐπικλήσεις getragen. Wenn aber ihre Enkel abermals Γρῦλος und Μόλοβρος hiessen, so folgt daraus, dass während der Zeit, die zwischen dem ersten Empfange und der späteren Verleihung liegt, die ἐπικλήσεις ihres odiösen Charakters entkleidet worden sind. Es ist leicht möglich, dass ein grosser Theil der Namen, die auf diesen Seiten besprochen werden sollen, zu der Zeit, für die wir sie belegen können, nicht mehr die Geltung von Spitznamen gehabt haben. Einem Ὀμφακίων, der seinen Sohn Στάφυλος nennt, merken wir an, dass er sich als Sauertopf nicht gefällt, seinem Sohne also eine leichtere Lebensauffassung gönnen möchte. Ein Σιμώνδης dagegen, der seinen Sohn als Σίμων in die Welt schickt, muss sich mit dem Geschenke der σιμότης abgefunden gehabt haben: er würde sonst nicht auch seinen Sohn damit bedenken. In diesem frühzeitigen Verblassen des Charakters der Spitznamen liegt wol der Grund, warum es so selten gelingt neben dem Namen, der nach seiner Bedeutung als Spitzname eingeschätzt werden muss, noch einen zweiten nachzuweisen, der als der alte officielle Name gelten könnte. Als der Name Πλάτων durch den Philosophen Weltberühmtheit erlangt hatte, war es überall eine Ehre ihn an der δεκάτη zu erhalten. Aber schon der mit Aristophanes gleichaltrige Komiker hat ihn geführt, und nirgends findet sich eine Andeutung, dass dieser ihn als Spitznamen empfangen habe. Warum also die Möglichkeit läugnen, dass der Name schon zur Zeit der Geburt des Philosophen die Fähigkeit gehabt habe als bürgerlicher Name verliehen zu werden?

Die Arbeit, die ich hier vorlege, berücksichtigt nur einen Theil der aus Spitznamen entsprungenen Namen. Ausgeschlossen sind die Frauennamen, die im Zusammenhange mit den übrigen Frauennamen behandelt werden müssen. Wen das Studium der griechischen Personennamen reizt, der findet hier eine dankbare Aufgabe. Ferner habe ich grundsätzlich auf alle Namen verzichtet, die nachweislich mehr als einen Stamm enthalten oder als Verkürzungen eines Namens betrachtet werden können, der die Form eines Vollnamens hat. Man findet also in diesem Buche Κόλων, Κυλίας, Κύλος nicht, weil neben ihnen Κυλοίδας und Κυλαιθίς laufen, deren Koseformen sie vorstellen können. Die Namen von dieser Gestalt sind, soweit sie mir zur Zeit meiner Betheiligung an der zweiten Auflage von Ficks Personennamen bekannt waren, in den Abschnitt C der neuen Bearbeitung aufgenommen worden. Hier dagegen handelt es sich darum einer Gattung von Namen Anerkennung zu verschaffen, die in dem Namenbuche kaum gestreift wird, um eine Gattung ursprünglich einstämmiger Namen, deren Alter und Umfang viel beträchtlicher ist, als ich früher angenommen hatte. Möglich, dass einer oder der andre durch spätere Funde als Verkürzung eines zweistämmigen erwiesen wird, dass sich z. B. zu dem Τράχαλος, den ich einstweilen als 'Mann der ganz Hals ist' verstehn zu können glaube, ein Μακρουτράχαλος einstellt. Auf das Princip, das ich hier verfechte, üben solche Berichtigungen keinen Einfluss: der Name Γάστρων bleibt darum doch mit dem Appellativum γάστρων identisch, und wenn eine Verkürzung Statt gefunden hat, so ist schon das Appellativum von ihr betroffen worden, in diesem Falle ein Compositum wie γαστροίδης. Eine weitre Beschränkung besteht darin, dass ich nur die Namen aufgenommen habe, die ich aus dem Sprachgebrauche, vornehmlich der Komödie, verstehn zu können glaube. Ich zweitle keinen Augenblick daran, dass der Halikarnassier Καλαβώτης und der Styriier Χίμαρος Spitznamen tragen. Aber ich bin nicht im Stande anzugeben, was für den Griechen den Vergleichungspunkt zwischen einem Landsmanne und dem ἀσκαλαβώτης oder dem χίμαρος gebildet habe, da ich in der Litteratur nirgends Anhalt für eine Vermuthung finde. Endlich habe ich bei der Sammlung des Materiales die Grenze vor dem ersten vorchristlichen Jahrhundert gezogen, da die Kraft der Sprache aus eignen Mitteln Namen zu schaffen etwa mit dem Verluste der Freiheit erlischt.

Erstes Capitel.

Der Mensch als körperliches Wesen.

I. Der Körperbau.

An dem Manne, auf dem der kritische Blick seiner Verkehrsgenossen ruht, wird in erster Linie Aufsehen erregen, wenn der Körper nach Länge oder Breite oder nach beiden Richtungen das mittlere Maass nicht einhält, das sie erwarten zu dürfen glauben. Die Zuschauer geben dann ihrer Überraschung in einem Beiworte Ausdruck, durch das sie ihren Nachbar als Riesen oder als Zwerg, als Herrn Dick oder Herrn Mager charakterisieren.

Die griechische Litteratur, zumeist die Komödie, ist voll von Epitheta, die abnormes Körpermaass constatieren. Es sei erlaubt an einige zu erinnern.

Eupolis unterscheidet im Marikas einen schielenden (στρεβλός) Peisandros von einem grossen (μέγας), dem er noch die weitre Bezeichnung Οἰνοκίνδιος gibt (Meineke 2. 501 fragm. 6). Der selbe grosse Peisandros war schon in den Ἀστοσκώλιδες des Hermippos schlecht weggekommen (Meineke 2. 384 f.).

Zu den Verehrern des Sokrates gehörte Ἀριστόδημός τις, Κυδαθηναιεύς, σμικρός, ἀνυπόδητος ἀεί (Platon Symp. p. 173 b); der gleiche, der bei Xenophon (Ἀπομνημ. 1. 4, 2) Ἀριστόδημος ὁ Σμικρὸς ἐπικαλούμενος heisst. Mit Kleigenes dem Zwerge macht sich Aristophanes Frösche 710 zu schaffen.

Dem Komiker Timokles muss der dicke Anytos in den Ἰκάριοι Σάτυροι (Meineke 3. 600 fragm. 1), der dicke Pheidippos in der Ἀήθη herhalten:

παριόντα Φείδιππον πάλιν
τὸν Χαιρεφίλου κόρρωθεν ἀκιδὸν τὸν παχὺν
ἰσόπχνσ᾽, εἴτ᾽ ἐκέλευσι πέμπειν σαργάνας

(Meineke 3. 606).

Umgekehrt liefert die λεπτότης des Kinesias der alten Komödie Stoff zu
guten und schlechten Witzen. Platon bezeugt dem Dithyrambendichter sein Wol-
wollen mit der Begrüssung φθόης προφήτης (Meineke 2. 679 fragm. 2); eben
dahin zielt die Anrede Φθιωτ' Ἀχιλλεῦ, die ihm, wie man aus Athenaios p. 551 d
ersieht, Strattis zu Theil werden lässt. Sein Nachfolger in der Magerkeit ist
Philippides: Athen. p. 552 d—f werden Stellen aus Alexis, Aristophon, Menander
ausgehoben, die ihr grausames Spiel mit seiner λεπτότης treiben. Einen *Διονύ-
σιος ὁ Λεπτός*, der doch wol ein dürrer Schulmeister ist, erwähnt Athenaios
(p. 475 f).

Derartige Verbindungen von Personennamen mit Appellativen, die zu Beinamen geworden sind, stellen die erste Station auf dem Wege vor, an dessen
Ende der Beiname den Platz des bürgerlichen Namens einnimmt. Wir kennen
eine ganze Reihe einstämmiger männlicher Namen, die eine Aussage über abnorme Körperproportion enthalten, ihrem Ursprunge nach also nichts andres sein
können als Übernamen. Sie haben den Weg, den die Wörter μέγας, μικρός,
παχύς, λεπτός in den angeführten Beispielen beschreiten, schon hinter sich.

Das Übermaass der Länge und Breite ist ausgesprochen in den Namen
Πελάρης Styra (Ion. Inschr. no. 19, ιοι; 5. Jahrh.);
Κήτων Execrationstafel aus Attika (CIA 2 Append. no. 42 ι₄).
Ein Adjectivum πελαρής würde sich zu πέλωρ verhalten wie ὑδαρής zu ὕδωρ;
der gleiche Ablaut in πελαρύζω: πέλωρ· φωνή (Hes). Der Träger des Namens
war offenbar ein πελώριος¹) ἀνήρ. — Der Name *Κήτων* deckt sich inhaltlich
mit κητώδης, aus dem er durch Verkürzung hervorgegangen sein kann.

Von Länge allein ist die Rede in
Δόλιχος Σμίκρωνος Πλαταιεύς (IGS 1 no. 2724 c₅; 3. Jahrh.).
Der Gegensatz zwischen dem Namen des Vaters und dem des Sohnes ist viel-
leicht nicht zufällig: man wird an *Στάφυλος Ὑψακίωνος* zu Iasos und ähnliche
Paare erinnert. Ohne den Vater *Σμίκρων* würde man *Δόλιχος* auch als *δολι-
χοδρόμος* deuten, also auf gleiche Stufe mit *Δίαυλος* stellen können.

In andren Fällen ist die Körperlänge durch eine Vergleichung angedeutet.
Aristoph. Vögel 875 betet der ἱερεύς zu der στρουθός μεγάλη μήτηρ θεῶν
καὶ ἀνθρώπων. Pisthetairos unterbricht ihn mit dem Grusse
δέσποινα Κυβέλη, στρουθέ, μῆτερ Κλεοκρίτου.
Wenn Kleokritos hier als Sohn der στρουθός μεγάλη gefeiert wird, so gibt es
dafür nur Eine Erklärung: er muss in seiner Erscheinung an den Strauss erinnert haben, also ein Mensch von auffallender Grösse gewesen sein. Er hätte
darum selbst den Spitznamen Strauss empfangen können, den nun seine Mutter
tragen muss. Man sieht nun, dass mit den Namen
Στροῦθος Tauromenium (IGSI no. 421 I ann. 20; 3. Jahrh.);

---

1) πελώριος ist die aolische Form, während Ionier und Attiker πελώριος gesprochen haben
(Solmsen KZ 34. 516 ff.). Der Name des Styräers stammt aus Böotien oder Thessalien.

Στρο(ύ)θις Ἡρακλείδου Kyzikos (BCH 14. 540 no. 7)¹);
Στρούθων Athen (»Simonides« fragm. 148 Bergk), Eretria ('Εφ.
ἀρχ. 1895. 139 I 112)
Leute von überragender Gestalt gemeint sein können. Dies ist jedoch nur eine
von drei Möglichkeiten.
Eupolis sagt in den Δῆμοι (Meineke 2. 475 fragm. 37):
Τᾳδὶ δὲ τὰ δένδρα Λαισποδίας καὶ Δαμασίας
αὖσισι (Hermann, überl. αὐταῖσι) ταῖς κνήμαισιν ἀκολοθοῦσί μοι.
Dazu bemerkt Meineke: »Recte illam utriusque cum arboribus comparationem ad
proceram corporis staturam rettulit Raspius, allato Aristoph. Av. 1475, ubi
Cleonymus magnae homo staturae ἔκτοκόν τι δένδρον vocatur«. Folgt man dieser
Anregung und durchmustert man die Reihe der männlichen Namen, die durch
Übertragung aus dem Pflanzenreiche gewonnen sind (GP² 325 f.), so wird man
kein Bedenken tragen den Namen
Πιτύας Sparta (Xenoph. Hell. 2. 3, 10)
als Spitznamen zu betrachten, in dem ein langer Mensch mit der πίτυς βλωθρή
(N 390; μακραὶ πίτυες ι 186) verglichen wird. Es liegt dann nahe auch
Ἐλάτων Smyrna (CGC Ionia 246 no. 102; 2./1. Jahrh.)
in dieser Weise zu verstehn: die Helden Krethon und Orsilochos vergleicht
Homer in ihrem Sturze ἐλάτῃσι ὑψηλῇσιν (E 560).

Viel reichlicher strömen die Namen für die kleinen Leute.
Hier stellen die Namen, die das Wort μικρός (σμικρός) mit seinen Neben-
formen μικός und μικκός in mehr oder weniger modificierter Gestalt wieder-
geben, die reichste Sippe vor. Sie sind vom 6. Jahrh. an aus allen Theilen
des griechischen Gebietes nachweisbar. Von ihrer Verbreitung gibt schon die
Zusammenstellung ein Bild, die ich folgen lasse, obwol ich mich darauf be-
schränke für jede Namenform eine einzige Belegstelle anzuführen.
Σμίκρος Athen (CIA 1 no. 432 I 17);
Μίκρης ²) στρατηγὸς τῶν Ἀρκάδων (Xenoph. Anab. 6. 3, 4);
Μικρίης Styra (Ion. Inschr. no. 19, 355);
Μικρίων Thasos (ebd. no. 78 III 3);
Μικρίνας Θεσπιεύς (IGS 1 no. 4260 3);
Σμίκρων Σουνιεύς (CIA 2 no. 864 II 59).
Μῖκος ³) Henkel mit ἀστυνόμος ⁴) (Becker Jahrb. f. Phil. Suppl.
10. 29 no. 23);

1) Überliefert in einer Vaticanischen Handschrift des Cyriacus. Im ersten Namen, der auch
als Στρουθίς verstanden werden könnte, fehlt das Y.
2) Überl. Σμίκρης. Wenn der Strateg aber aus Arkadien stammte, war Μίκρης die Form
seines Namens: Μικίων Smlg. no. 1231 III 10 24, Μικυλος Le Bas-Foucart no. 337.
3) Die Länge in erster Silbe aus lat. mica erschlossen. Die Messung Μίκων (WSchulze An-
zeige von Meister Griech. Dial. 2, Berl. Philol. Wochenschr. 1890, S. 32 des Separatabzugs) beweist zu Gunsten von Μῖκος Nichts, da auch Σίμων neben Σῖμος steht.
4) Als Heimath der Henkel dieser Gattung hat Becker bekanntlich Olbia in Anspruch ge-

Μικᾶς Thasos (Thas. Inschr. no. 14 I₇);
Μικάδης Γύρωνος Χαλκιδεύς (IGS 1 no. 368₁);
Μικαλίων Μικίωνος Ἐρχιεύς (CIA 2 no. 2046);
Μικάλλης Thasos (Thas. Inschr. no. 10 I₁₉);
Μίκιλλος Ἀχαιὸς ἐξ Αἰγᾶς (CIA 2 no. 2443);
Μικίων Mytilene (Mitth. 9. 88 Beil. ₁₈);
Μικίνας Λοκρός (CIA 2 no. 963 III π);
Μικίννης Halikarnassos (Ion. Inschr. no. 240 ₃₄);
Μίκυθος Rhegion (Herod. 7. 170);
Μικυθίων Μικυλίωνος Chalkis (Ἐφ. ἀρχ. 1892. 169);
Μικύλος Lindos (IGI 1 no. 761 ₉₁);
Μίκων Kos (Paton-Hicks N. no. 20. 49).
Μίκκος Τορωναῖος (CIA 4 Suppl. 1 no. 491¹⁶);
Μικκάδας Βούττιος (IGS 3 no. 880 ₁₀);
Μίκκαλος Gortyn (Mus. Ital. 3. 637 no. 35 ₈);
Μικκαλίων Athen (Demosth. 32. 11);
Μικκίας Ποτάμιος (CIA 2 no. 420 ₃₁);
Μικκίας Elis (Olympia ö no. 62 ₅);
Μικκιάδης ὁ Χῖος (Ion. Inschr. no. 53 ₁);
Μικκίων Tanagra (IGS 1 no. 538 ₇₄);
Μικκίνας Φυσκεύς (Smlg. no. 2097 ₁₆);
Μικκύλος Thessalien (Smlg. uo. 326 III ₁₉);
Μίκκων Χαλκιεύς (Smlg. no. 1734 ₅).

Eine andre Sippe beruht auf Weiterbildung und Umbildung des Stammes *βραχύ*.

Βραχύλος Tegea (Le Bas-Foucart no. 341 h);
Βράχυλλος Ἐρχιεύς (CIA 2 no. 114 C ₁₀; 4. Jahrh.), Rhodos (IGI 1 no. 764 ₁₆), *Βράχουλλος* Chaironeia (IGS 1 no. 3343 ₁);
Βραχυλλίδας Rhodos (IGI 1 no. 884 ₉);
Βραχύλλει Tanagra (IGS 1 no. 538 ₇₁; 4./3. Jahrb.);
Βραχᾶς Lieblingsname auf einer attischen Vase (Klein Lieblingsinschr. 62; 6. Jahrh.), [*Β'ραχᾶς* Argos (Smlg. no. 3266 b ₄),
Βροχᾶς Thisbai (IGS 1 no. 4130 ₃₃);
Βραχίδας Akrai (IGSI no. 225 α Add.; 5. Jahrh.);
Βρόχχιος (Patron.) *Θειβῆος* (IGS 1 no. 2724 b ₄; 4. Jahrh.).
Vgl. Pind. Isthm. 3. 68 ff. ὀνοτὸς ἰδέσθαι, μορφάν *βραχύς* von Herakles, im Gegensatze zu den Riesen Oarion und Antaios¹).

---

nommen. Nach einer Andeutung Latyscheus bei Pridik (Mitth. 21. 177 f.) ist auch diese Bestimmung nicht haltbar.

1) Kretschmer Vaseninschr. 85: »Bemerkenswert ist eine Inschrift, die auf einer rotf. Amphora in Paris unter Herakles gesetzt ist: δυκεῖς μικρὸς εἶναι«. K. verweist auf Wilamowitz Herakl. 1. 338.

Das Adjectivum τυννός ist in Prosa ausgestorben. Aber die weite Verbreitung der Namen, die das Wort mehr oder weniger verändert enthalten, lehrt, dass es über das ganze griechische Gebiet hin verständlich gewesen sein muss.
Τύννος Thasos (Thas. Inschr. no. 9₁₁; 5. Jahrh.)¹);
Τυννάδης Styra (Ion. Insch. no. 19, ₈₁₀; 5. Jahrh.)²), Delos (BCH 7. 114₃₁);
Τύννις Styra (Ion. Inschr. no. 19, ₃₁₁; 5. Jahrh.);
Τυννίας Τύννωνος Τρικορύσιος (CIA 2 no. 2599);
Τύννιχος ὁ Χαλκιδεύς (Platon Ion p. 534 d), Sparta (» Plut.« Apophth. Lak. 5l);
Τυννιχίδας Thespiai (IGS 1 no. 1741 ₂₂; 3. Jahrh.);
Τύννων Delos (CIA 2 no. 814 a B ₂₉; 4. Jahrh.), Τρικορύσιος (s. Τυννίας)³).

Unser Kinderlied spricht von einem spannenlangen Hansel. So hiess schon ein thasischer Theoros des 5. Jahrh.:
Σκιθαμαῖος (Thas. Inschr. no. 9₁₂).

Unter den vergleichenden Namen stösst uns zunächst eine Sippe auf, deren Sinn nicht fraglich sein kann:
Πάταικος Akragas (Herod. 7. 154: 6. Jahrh.), Dyme (Paus. 5. 9,₁; Ol. 71); häufig auf Steinen des 4. Jahrh., so in Athen (ein Πιθεύς CIA 2 no. 660₄), in Iasos (Ion. Inschr. no. 104 π₄), Pantikapaion (ebd. no. 119₁), auf Chios (Mitth. 13. 167 no. 6₇), Thasos (CIA 2 no. 4 II₁₁); ferner bezeugt für Delos (BCH 6. 46₁₅₁.₁₆₀), Eretria ('Εφ. ἀρχ. 1895. 133 I₃₈), Dardanos (Conze Inselreise 70), Seleukeia (CIA 2 no. 983 1₁₁₄);
Παταικίων Chios (Mitth. 13. 179 no. 32); die Heimath des als κλέπτης sprichwörtlich gewordnen Παταικίων, dem bei Herondas (4. 63) ein Παταικίσκος entsprossen ist, wird nicht angegeben.
Die Erklärung ist in den Worten Herodots enthalten (3. 37): Φοινικηίοισι Παταίκοισι ἐμφερέστατον, τοὺς οἱ Φοίνικες ἐν τῆσι πρώρῃσι τῶν τριηρέων περιάγουσι. Ὃς δὲ τούτους μὴ ὄπωπε, ἐγὼ δὲ σημανέω· πυγμαίου ἀνδρὸς μίμησίς ἐστι.
Griechischer Anschauung eigenthümlich ist ferner die Vergleichung junger Individuen mit frischen Thautropfen. In der Odyssee sind die ἔρσαι junge Lämmer (ι 222), Aischylos spricht von δρόσοι λεόντων (Agam. 141), Sophokles verbindet ψακαλοῦχοι μητέρες αἰγές τε (fragm. 725 N.). Damit hängt zusammen, dass kleine Leute Tropfen genannt werden:

---

1) Die Chronologie der thasischen Theoren ist von Jacobs (Thasiaca 16 ff.) ins Reine gebracht.
2) TVNANDES das Täfelchen.
3) Die Sippe, die die Stämme nana-, nanna- zur Grundlage hat, gehört mit andren Tändelnamen nach Kleinasien (Kretschmer Einl. In d. Gesch. d. griech. Spr. 334 ff.). Einzelne ihrer Glieder sind sehr geschickt gräcisiert, so Νάννιχος in Magnesia am Maiandros (Mitth. 19. 19 no. 8 ₁).

ἄν μὲν γὰρ ᾖ τις εὐπρεπής, ἱερὸν γάμον καλεῖτε,
ἐὰν δὲ μικρὸν παντελῶς ἀνθρώπιον, σταλαγμόν

heisst es bei Anaxandrides (S. 3). Nun gibt es eine Reihe von Namen, die aus Appellativen verwandter Bedeutung hervorgegangen sind; so

Stalagmus Sklave bei Plautus (Captivi);
Προῦκος freigelassen in Larisa (BCH 13, 383 ₄₄; 2/1 Jahrh.);
Ψακάς Olympiasieger, erwähnt Schol. Aristoph. Ach. 1150;
Ῥάνις Delos (BCH 6, 47 ₁₆₃; *Ῥάνιος ἀνάθεμα*);
Ψίαξ Vasenmaler in Attika (Klein Vasen mit Meistersign." 134; 6. Jahrh.).

Der Zusammenhang von *Προῦκος*, *Ψακάς*, *Ῥάνις* mit πρώξ, ψακάς, ῥανίς liegt am Tage; zur Beurtheilung von *Ψίαξ* hilft eine Glosse des Hesych: ψίακα· ψακάδα. Von vorn herein wird man geneigt sein die Namen *Προῦκος*, *Ψακάς*, *Ῥάνις* und *Ψίαξ* nach der Anleitung zu beurtheilen, die die Komödie zur Auffassung des Namens *Σταλαγμός* gibt. So weit *Προῦκος* in Betracht kommt, steht dem Nichts im Wege. Dagegen werden *Ψακάς* und *Ῥάνις* von der alten Schulgelehrsamkeit anders interpretiert; wir müssen später auf sie zurückkommen.

Horaz empfiehlt als Lebensregel (Sat. 1, 3, 43 f.):

    Ac pater ut gnati, sic nos debemus amici,
    siquod sit vitium, non fastidire : strabonem
    adpellat Paetum pater, et Pullum, male parvus
    sicui filius est, ut abortivus fuit olim
    Sisyphus; hunc Varum distortis cruribus, illum
    balbutit Scaurum pravis fultum malo talis.

Es liegt nahe anzunehmen, dass die Namen, die von Haus aus ein junges Thier bezeichnen, den selben Ursprung haben wie der Schmeichelname *Pullus* der römischen Kinderstube. Solcher Namen besitzt das Griechische recht viele[1]: ich nenne hier *Σκύλαξ, Σκύμνος*, besonders aber die auf *νεοσσός* aufgebaute Sippe:

Νόσσος Iasos (Dittenberger Syll. no. 77 ₁₁; 4. Jahrh.), Thasos
    (Thas. Inschr. no. 18 I ₂);
Νοσσικᾶς Thasos (ebd. no. 6 IV ₂; 5. Jahrh.);
Νοσσύλος Νοσσύλου Kos (Smlg. no. 3722 ₅; 3. Jahrh.);
Νόσσων Kos (Smlg. no. 3624 J ₄₉; um 200 v. Chr.).

und mache auf *Πάταικος τοῦ Σκύλακος* in Iasos (Ion. Inschr. no. 104 a ₂) aufmerksam. Andrerseits lehren die zahlreichen Frauennamen, die der Herkunft nach Deminutive von Thiernamen sind, dass die Einreihung unter die kleinen Leute lediglich der Zärtlichkeit entspringen kann, keinen körperlichen Fehler zur Voraussetzung zu haben braucht. Damit fällt ein neues Licht auf die Namen dieses Abschnittes, auch auf die beiden letzten, die ich zu nennen habe:

[Κ]όρυψ Theben (IGS 1 no. 3640; 5. Jahrh.).

---

[1] Gehört auch *Φάρσαλος* in Thespiai (IGS 1 no. 1742 a) wegen ὀρταλίς, ὀρτάλιχος zu ihnen?

Ich identificiere *Κόρνψ* mit *κόρυξ* νεανίσκος (Hes.) und vergleiche das Verhältnis von böot. κόρυψ zu κόρυξ mit dem von böot. Κύκκυψ zu κόκκυξ [1]).
Παιδικός (Meistername auf einem Alabastron des Louvre, Pottier Revue des études gr. 6. 40 ff.; 6. Jahrh.). Da Vollnamen wie *Παιδαρχίς*, *Παίδικχος* zur Verfügung stehn, könnte man *Παιδικός* auch als Koseform betrachten und sich auf die Verbindung *Ανδρικός Ανδρονίκου* (CIA 2 no. 2756) berufen (Kretschmer Vasensinschr. 230 f.). Aber Abhängigkeit vom Vollnamen braucht, wie man sieht, nicht zu obzuwalten; man darf noch auf die lateinischen Namen *Papus*, *Papius* und, si dis placet, auf das oskische Cognomen *Pakalaz* verweisen.

Abnorme Dimension in der Breite wird verspottet durch die Namen
Πάχης Athen (Thuk. 3. 18, 2), Delos (BCH 7. 109 no. 5 4);
Παχίων Styra (Ion. Inschr. no. 19, 103; 5. Jahrh.);
Πάχων Tegea (BCH 17. 17 no. 21 1) [2]).
Der Stamm *παχητ-*, der in dem ersten Namen erscheint, wird von Hippokrates im Appellativum gebraucht: *ὑπερπάχητες* (*Περὶ ἀέρων* 15).
Zwei andre Namen stellen Umbildungen von *πλατύς* vor und haben gleichen Inhalt wie *πλατύς* Soph. Ains 1250 f.
οὐ γὰρ οἱ πλατεῖς
οὐδ᾽ εὐρύνωτοι φῶτες ἀσφαλέστατοι.
Ich denke an
Πλατῆς Aristot. *Περὶ τὰ ζῷα ἱστορ.* 5. 19: πρώτη δὲ λέγεται
ὑφῆναι ἐν Κῷ Παμφίλη Πλατέω (so cod. C*) θυγάτηρ;
Πλάτων in Athen seit dem 5. Jahrh.; seit dem 4. Jahrh. überall nachweisbar, doch lässt sich nicht feststellen, wie weit der Name des Philosophen Anregung zu der Benennung gegeben hat [3]).
Zu *Πλάτων* beachte das Appellativum *πλάτων* · χαλκωμάτιόν τι, ᾧ τὸν ὀρὸν ἀντλοῦσιν .... (Hes.).

---

1) Neben *κόρυξ* steht κόρυψ (νεανίσκος, Hes.) aus κόρξιψ. Das Verhältnis der Nachkommen der labialisierten Gutturalis ist das gleiche wie in *βουκόλος* und *αἰπόλος* und bestätigt die von Saussure aufgestellte Regel.
2) Vermutlich muss man auch Smlg. no. 1281 III 11 *Πάχω[τος]* statt *Πάχω* schreiben; der Stein ist, wie der Abklatsch beweist, den ich besitze, so abgerieben, dass die letzten Buchstaben spurlos verschwunden sein mögen. Die Inschrift berührt sich auch sonst mit der im Texte erwähnten: dem *Ἰσόδαμος Θορσίων* (l 12) entspricht dort *Θορσίας Ἰσοδάρου* (Z. 9).
3) Der Einfluss der Namen berühmter historischer Persönlichkeiten auf die Benennung Nachgeborner ist noch zu wenig beachtet. Hannack bemerkt zu Smlg. p. 1908 6: »Zum Dialekte der *Οἰανθεῖς* stimmt die Form *Δημητρίου* nicht«, zu no. 1922 a: »Die Form *Δημήτριος* kommt bei dorischen Freilassern öfters vor«. Der Grund ist der, dass der Name *Δημήτριος* seit Demetrios Poliorketes in Griechenland populär geworden war. Umgekehrt spricht man in Athen *Ἀφόντας*, nicht *Ἀμύντης*.

Die Rübe heisst von ihrer Gestalt γογγυλίς oder γογγύλη (die Lakedaimonier haben sie nach Apollas bei Athen. p. 369 a γάστρα, die bauchige, genannt); der Skythe vergleicht Thesmoph. 1185 die τιτθία der Tänzerin mit ihr. Es ist also deutlich, wie der Mann ausgesehen haben muss, dem der Spitzname gegeben ward Γογγύλος ό Ἐρετριεύς (Thuk. 1. 128, 4), εἰς τῶν Κορινθίων ἀρχόντων (Thuk. 7. 2, 1), Delos (Apollodoros bei Athen. p. 173 a)[1]).
Ein Synonymum von γογγύλος ist στρογγύλος. Aus ihm entsteht durch Weiterbildung der Name
Στρογγυλίων Bildhauer des 5. Jahrh. (CIA 1 no. 406); ein jüngrer Στρογγυλίων CIA 2 no. 834 c 18 Add.
Der Komiker Xenarchos rühmt an den πυρνεῖα, dass der Liebhaber μείρακας in ihnen finde

ὧν ἔστιν ἐκλεξάμενον ἧι τις ἥδεται,
λεπτῆι, παχείαι, στρογγύληι, μακρᾶι, ῥικνῆι,
νέαι, παλαιᾶι, μεσοκόπωι, πεπαιτέραι

(Meineke 3. 617 fragm. 1 ιε). Anschaulicher noch ist das Compositum στρογγυλόπλευρος, das Strattis von wolgerathnen Aalen braucht:

καὶ Κωπάιδων ἀπαλῶν τεμάχη
στρογγυλοπλεύρων

(Meineke 2. 779 fragm. 1). Wie man sieht, könnte Στρογγυλίων als Verkürzung von στρογγυλόπλευρος aufgefasst werden.

Es ist möglich, dass die Namen, die den Menschen mit der Kröte vergleichen, also

Φρῦνος und Genossen,

theilweise den Zweck verfolgen Leute von aufgedunsener Gestalt zu verspotten. Man kann dies vermuthen wegen der Glosse φρῦνος · βάτραχος. ἢ παχύς (Hes.), und wegen der Thierfabel, die von dem Versuche der jungen Kröte erzählt dem Ochsen durch Aufblasen an παχύτης ähnlich zu werden (Aesop no. 84 Halm). Ich werde bei späterer Gelegenheit, wo wir uns, wie mir scheint, auf festerem Boden bewegen, die Verbreitung der Sippe anschaulich zu machen suchen.

Und noch eine Möglichkeit muss zur Sprache kommen. Die Sippe

---

1) Nach Apollodor soll es mit dem Namen Γογγύλος auf Delos eine besondre Bewandtnis haben: ἦν αὐτοῖς (den Deliern) ἀπὸ τῶν πράξεων ὀνόματα Μαγίδες καὶ Γογγύλοι, ἐπειδὴ τὰς μάζας, φησὶν Ἀριστοφάνης (Frieden 28), ἐν ταῖς θοίναις δι' ἡμέρας τρίβοντες παρεῖχον ὥσπερ (ἐν) γονατίξι γογγύλας μεμαγμένας. Es ist zu fürchten, dass zu der Deutung von Γογγύλος die Worte des Aristophanes Veranlassung gegeben haben. Denn dass ein Mann darum, weil er es verstand γογγύλας μάζας zu backen, Γογγύλος genannt worden sei, will nicht recht einleuchten. Von den übrigen delischen Namen, die ἀπὸ τῶν πράξεων hergenommen sind, Χοίρακος, Ἀρνός, Ἀρνσίλεως, Σήσαμος, Ἀρνσίτραγος, Νεποόρος, Ἰχθυβόλος, unterstützt kein einziger die Auffassung des gelehrten Atheners: man kann ihm glauben, dass Χοίρακοι, Ἀρνοί als Ἀρνοσιχοίρακοι, Ἀρνσίαμνοι zu denken seien (vgl. Βοιθίων als Namen eines Kochs bei Sosipatros, Meineke 4. 482 11); dass ein Γογγύλος ein Γογγυλομαξοποιός sei, folgt daraus noch nicht.

Πέταλος Styra (Ion. Inschr. no. 19, 401; 5. Jahrh.), Thasos (Thas. Inschr. no. 8 II 4), Larisa (Smlg. no. 358); Πεταλίας Κραννούνιος (Smlg. no. 345 60), Γυρτούνιος (ebenda 90; 3. Jahrh.), vgl. Πεταλλίς Πεταλιαία Larisa (Smlg. no. 355); Πέταχος Styra (Ion. Inschr. no. 19, 208) kann, sprachlich angesehen, Individuen nach keiner andren Seite hin bezeichnen als nach der Ausbreitung ihres Körpers. Πέταλος hat den Sinn von ἐκπέταλος in der Wendung: ἐστὶ δὲ χαλκίον ἐκπέταλον λεβητῶδες (Didymos bei Athen. p. 468e; von der Ψ 270 beschriebnen φιάλη).

Es bleiben noch die Namen für die magren Leute zu betrachten.

Directe Bezeichnung des magren Mannes ist durch das Wort λισκός und seine namenartigen Umbiegungen möglich:

Λίσκος Smyrna (Mionnet 3. 196 no. 993; 130—50 v. Chr.)[1]);
Λεπτίνης Paros (Archil. fragm. 70), oft in Athen (so Λεπτίνης ἐκ Κοίλης Demosth. 22. 60), Samos (Num. Chron. 1884. 257 no. 6), Eretria (Amer. Journ. of Archaeol. 7. 247 no. 2), λιθουργός auf Delos (BCH 14. 396); Λεπτίνας Syrakus (Bruder Dionysios I, vgl. CIA 2 no. 81), Λεπτίνας Λεπτίνα Dyme (Smlg. no. 1612 25), Λεπτίνας Delphi (Smlg. no. 1715 7), Kos (Smlg. no. 3722 16), Λεπτίνας Γυρτούνιος (Smlg. n. 345 10);
Λίσκων Styra (Ion. Inschr. no. 19, 61; 5. Jahrh.), Dardanos (Silbermünze der Sammlung Imhoof-Blumer)[2]), Ἀστυπαλαιεύς (BCH 8. 26 B 2, 15. 634 no. 8 3).

Andre Namen werden durch Gleichsetzung der dürftigen menschlichen Erscheinung mit dünnen Gegenständen oder mit andren magren Wesen gewonnen. Für einen magren Menschen ist uns das Bild des Fadens geläufig. Dass es auch den Griechen nicht fremd war, darf daraus geschlossen werden, dass ihre Sprache eine ziemlich reiche Sippe von Männernamen besitzt, deren Basis das Wort μίτος bildet, deren Träger also doch wol als λεπτότατοι gekennzeichnet werden sollen:

Μίτος Theben (IGS 1 no. 3599; 5. Jahrh.);
Μιτίων Hyettos (IGS 1 no. 2829 3; 3. Jahrh.);
Μίτυς ὁ Ἀργεῖος (Κατὰ Νεαίρας 33; 4. Jahrh.);
Μίτων Thera (IGA no. 453; 7. Jahrh.);
Μίττιος (Patron.) Ἐρχομένιος (IGS 1 no. 2724 a 4; 4. Jahrh.);
Μιττίων Lindos (IGI 1 no. 764 I 11; 3. Jahrh.).

Auch an ein Rohr lassen wir uns von einem magren Menschen erinnern.

---

1) Die Lesung Cousinérys bestätigt mir Herr Director Riggauer in München, von dem auch die Datierung stammt.
2) Mittheilung des Herrn Besitzers.

Nicht anders ergieng es den Griechen, wie die gepfefferte Beschreibung des Kinesias durch Platon (Meineke 2. 679 fragm. 2) lehrt:

Μετὰ ταῦτα δὲ
† Εὐαγόρου παῖς ἐκ πλευρίτιδος Κινησίας
σκελετός, ἄπυγος, καλάμινα σκέλη φορῶν,
φθόης προφήτης, ἐσχάρας κεκαυμένος
πλείστας ὑπ' Εὐριφῶντος ἐν τῶι σώματι.

Ich darf also wol als rohrdünne Gesellen die Personen betrachten, die den κάλαμος im Namen führen:

Κάλαμις, Zeitgenosse des Deinomenes von Syrakus (Paus. 6.12, 1), Thasos (Mitth. 22. 133 no. 11 4);
Καλάμμει Akraiphia (IGS 1 no. 2745; 5. Jahrh.)¹).

Von ihnen fällt auch auf die Leute Licht, die nach dem δόναξ benannt sind:
Δόναξ Apollonia III. (Münzen des österr. Kaiserhauses 1. 20 no. 34; 3./2. Jahrh.);
Δόνακος Mytilene (Mitth. 9. 88 Beil. 11).

Bei Photios steht die Glosse *σχιζίας · ὁ τετανὸς καὶ ἰσχνός· οὕτως Κρατῖνος*. Eine entsprechende Erklärung hat MSchmidt (Hes. 4. 1, 119) aus den Scholien des cod. Mod. zu Clem. *Προτρεπτ. λόγ.* ans Licht gezogen: *σχιζίας· λεπτὸς παρ' Ἀττικοῖς*. Das Wort *σχιζίας* kann nur bedeuten 'ein Mann wie ein Spahn'; so hat es schon Fick übersetzt (Curt. Stud. 9. 183). Dies ist also offenbar auch der Sinn des Namens

Σχιδᾶς Kyrene (Smith-Porcher no. 7 II 19), Artichia (Fouilles d'Epidaure 1 no. 243).

In den gleichen Vorstellungskreis gehört vermuthlich

Καρφίνας Ἀχαρνάν (CIA 2 no. 121; 4. Jahrh.).

Man erinnre sich, dass die Chorführerin der Lysistrate *κινοῦσα μηδὲ κάρφος*¹) zu Hause bleiben will, wenn man sie nicht ärgre (474). Der Grieche, der niesen wollte, kitzelte sich mit einem *λεπτὸν κάρφος*; die Nase (Schol. zu Aristoph. Frösch. 647). Der Name *Καρφίνας* würde sich also sehr gut zur Bezeichnung eines Menschen von dürftiger Erscheinung eignen.

Das Wort ἄχνη, das bei Homer die Spreu und den Schaum bedeutet, bezeichnet im spätren Sprachgebrauche jedes leichte Theilchen. Daher kann der Sklave in den Wespen klagen (91 ff.):

ὕπνου δ' ὁρᾶι τῆς νυκτὸς οὐδὲ πασπάλην·
ἢν δ' οὖν καταμύσηι κἂν ἄχνην, ὅμως ἐκεῖ
ὁ νοῦς πέτεται τὴν νύκτα περὶ τὴν κλεψύδραν.

Bei der Geläufigkeit dieses Gebrauches von ἄχνη ist es wol richtiger den Namen

---

1) Dazu *Καλαμίσκος* auf einer aus Phrygien stammenden Inschrift der Kaiserzeit, die BCH 2. 56 ff. neu herausgegeben ist.
2) Sie benützt dabei eine sprichwörtliche Wendung (vgl. Bauck De proverbiis aliisque locutionibus ex usu vitae communis petitis apud Aristophanem comicum [Königsberg 1880] 64), die auch Herondas anwendet (1. 54, 3. 67).

Ἄχνων Φωκεύς (Arch. epigr. Mitth. aus Österr. 16. 111 14) zu ἄχνη zu stellen als zu dem Namen der thessalischen Stadt Ἄχναι.

Überraschend kommt uns die Gleichsetzung des leicht gebauten Menschen mit der Amsel, die von den Griechen vollzogen ist. Wir lesen bei Anaxilas Meineke 3. 348 10. 11):

ἡ Θεανὼ δ' οὐχὶ Σειρήν ἐστιν ἀποτετιλμένη;
βλέμμα καὶ φωνή γυναικός, τὰ σκέλη δὲ κοψίχου.

Antiphanes aber setzt das Gewicht dreier Hetären, von denen er zwei ausdrücklich als λεπταί bezeichnet, dem der Θεανώ gleich:

ἀφύας δὲ λεπτὰς τάσδε καὶ τὴν τρυγόνα
χωρὶς Θεανοῖ δεῦρ' ἔθηκ' ἀντιρρόπους

(Meineke 3. 13 19. 14). Bei der Annahme, dass der Vergleichungspunkt zwischen Mensch und Amsel die Leichtigkeit der Glieder bilde, erhalten wir eine einheitliche Deutung des Frauennamens Κοσσύφα, der schon im 7. Jahrhundert auf Thera gebräuchlich war[1]), und der Männernamen

Κόττυφος Pharsalos (Demosth. 18. 151; 4. Jahrh.), Larisa (Smlg. no. 1301s);
Κοξυφίων Chalkis (Ἐφ. ἀρχ. 1893. 107 no. 3),

die an sich auch anders verstanden werden könnten[2]).

Zweifelhaft ist, wie weit in diese Kategorie die Namen fallen, die eine Vergleichung mit στροῦθος aussprechen, also

Στροῦθος, Στροῦθις, Στροῦθων,

wofür die Zeugnisse früher (8 f.) gegeben worden sind. Dass ein Mensch von ärmlicher Erscheinung Spatz hat genannt werden können, lehren die Worte des Alexis (Meineke 3. 449 fragm. 5)

Κακῶς ἔχει(ς)· στρουθὶς ἀκαρής νὴ τὸν Δί' εἶ[3])·
πεφιλιππίδωσαι.

Aber στροῦθος selbst ist doppelsinnig, und dazu kommt, dass der Spatz neben seiner äusseren Erscheinung eine gewisse Charakterschwäche besitzt, die den Griechen Anlass zu noch schnöderer Vergleichung bieten konnte.

Ausser den Namen, in denen Spott über Abnormität des Körpermaasses sein Wesen treibt, gibt es nicht viele, in denen die sichtbare Abnormität nicht eines

---

1) Mittheilung des Herrn Dr. Hiller von Gärtringen. Ich kenne den Namen noch aus Korkyra (IGS 3 no. 888), Delphi (Smlg. no. 1995 2, 2091 7; Sklavinnen).
2) Der Πυθαγοριστής des Aristophon wird so geschildert (Meineke 3. 360 f.):

Πρὸς μὲν τὸ πεινῆν ἐσθίειν τε μηδὲ ἓν
νόμιζ' ὁρᾶν Τιθύμαλλον ἢ Φιλιππίδην·
ὕδωρ δὲ πίνειν βάτραχος, ἀπολαῦσαι θύμων
λαχάνων τε κάμπη, πρὸς τὸ μὴ λοῦσθαι ῥύπος,
ὑπαίθριος χειμῶνα διάγειν κόψιχος κ. τ. λ.

3) νὴ Δί' ἐγήνου Kaibel Athen. p. 552 e.

bestimmten Körpertheiles sondern des ganzen Körpers oder doch wichtiger Theile zugleich in Betrachtung gezogen sind. Ich kenne Namen für den Mann von schreckhaftem, von affenartigem, von silen- und satyrmässigem Aussehen. Auf schreckhaftes Aussehen weist die Sippe *Μόρμις* Knidos (Henkel bei Dumont 292 no. 127 f.); *Μορμίας Οἰναῖος* (CIA 2 no. 1013 11; 4. Jahrh.); *Μορμυθίδης*[1]) *Μιλήσιος* (Ion. Inschr. no. 99 8; 4. Jahrh.?); *Μόρμωττος*[2]) Assos (Papers of the Amer. School 1. 78 no. 68). Die Namen gehören deutlich zu *μόρμος*, *μόρμη*, *μορμύνει* und fallen inhaltlich mit *μορμορωπός* zusammen. Der letzte ist das Participium *μορμωτός*.

Gleichsetzung mit dem Affen hat Statt gefunden in *Πίθηκος* Ornament aus dem Perserschutte (Journ. Hell. Stud. 13 pl. 6 no. 42), *Πίθακος* Stratos (IGS 3 no. 443 10), Grabstein in Theben (IGS 1 no. 2770), Kyrene (Smith-Porcher no. 6 s. an. as); *Πίθων* Athen (CIA 1 no. 433 II 26; 5. Jahrh.), Eretria (Ἐφ. ἀρχ. 1895. 140 III 144), Naupaktos (IGS 3 no. 366 11), Aigiros (Mitth. 11. 288 no. 56 1), *Ἀλεξανδρεύς* (CIA 2 no. 966 A 35), Polyrenion (Journ. Hell. Stud. 16. 184 no. 15 b 3), *Φίθων* Theben (IGS 1 no. 3682), *Πίθουν Κραννούνιος* (Smlg. no. 345 ss); *Πίθυλλος ὁ Τένθης* (Klearchos bei Athen. p. 6 c; hierher?) Die Hässlichkeit des Affen leuchtet aus mancher drastischen Wendung hervor. Semonides von Amorgos lässt das hässliche Weib aus dem Affen hervorgehn (fragm. 7. 71 ff.). Ein Dichter der AP (5 no. 76) besingt die Reize einer alternden galanten Dame, unter ihnen auch den, dass sie ein runzliges Antlitz trage *οἷον γηράσας οὐδὲ πίθηκος ἔχει*; ein andrer (11 no. 196) meint noch höflicher

Ῥύγχος ἔχουσα Βιτὼ τριπιθήκινον, οἷον ἰδοῦσαν
τὴν Ἑκάτην αὐτὴν οἴομ' ἀπαγχονίσαι.

Die Höflichkeit ist auch in das Sprichwort gedrungen: die Redensart *ὄνος ἐν πιθήκοις* (Append. 4. 25) wird mit *ἐπὶ τῶν αἰσχρῶν ἐν αἰσχροῖς* erklärt. Mit vollendeter Deutlichkeit hat sie Menander gebraucht in den Versen

ἐκ τῆς οἰκίας
ἐξέβαλε τὴν λυποῦσαν ἣν ἐβούλετο,
ἵν' ἀποβλέπωσι πάντες εἰς τὸ Κρωβύλης
πρόσωπον ἦι τ' εὔγνωστος οὖσ' ἐμὴ γυνὴ
δέσποινα· καὶ τὴν ὄψιν ἣν ἐκτήσατο
ὄνος ἐν πιθήκοις τοῦτο δὴ τὸ λεγόμενον
ἔστιν.

---

1) *Μόρμυθος* wie *Γόργυθος* (Eretria, Blinkenberg Eretr. Gravskr. no. 25).
2) Ist *Μόρμυττος* zu schreiben? Das doppelte τ in lesb. *Ζώττας* (Smlg. no. 266 3; die Inschrift wird BCH 18. 536 no. 4 als neu publiciert) beurtheile ich nach dem ττ von *Ἀγίττα* in Myrina (Pottier-Reinach 1. 113 no. 2).

(Kock 3. 115). Bei Aristophanes wird πίθηκος als Schimpfwort in wechselndem Sinne gebraucht; dass Panaitios mit ihm geschmückt worden ist (καταλικῶν Παναίτιον πίθηκον fragm. 347 Dind.), hatte er nach Didymos (Schol. Aristoph. Vög. 440) dem Umstande zu danken, dass er αἰσχρός τις ἦν τὴν ὄψιν (nach andren, weil er μικροφυής war). Man kann also nicht bezweifeln, dass die Vergleichung einer hässlichen Person mit dem Affen für den Griechen nahe genug lag. Es wird sich aber zeigen, dass sie auch andren als äusserlichen Fehlern gelten kann.

Ähnlichkeit mit den Silenen und Satyrn wird nachweislich seit dem 5. Jahrh. durch Verleihung der Namen Σιληνός, Σάτυρος und ihrer Ableitungen constatiert. Ich darf die beiden Namensippen als gleichwerthig betrachten, da zwischen Silenen und Satyrn vom 5. Jahrhundert an kein wesentlicher Unterschied mehr besteht. »Als jene Bocksehöre auf die Orchestra des städtischen Dionysostheaters vorpflanzt wurden und Masken erhalten sollten, griff man, statt einen neuen Typus zu schaffen, zu dem bereits künstlerisch ausgebildeten der Silene und behielt als Erinnerung an die alte Costümierung nur den Ziegenschurz bei«, sagt Robert GGA 1897. 44 f. Den bündigen Beweis für das Zusammenfallen der beiden Gruppen dämonischer Wesen liefert die Erscheinung, dass der Vater der Satyrn, die im Kyklops den Chor bilden, Σιληνός heisst.

Die Namen Σιληνός und Σάτυρος sind seit dem 5. Jahrh. in allen Landschaften gebräuchlich gewesen. Ich will hier nur die Belege mittheilen, die dem 5. Jahrh. angehören, von den Ableitungen jedoch alle, die ich zur Hand habe.

Σιληνός Halikarnassos (Ion. Inschr. no. 240 30; 5. Jahrh.), Thasos (Hippokr. Epid. 1. 14), Rhegion (CIA 1 no. 33 8); Σιλανός aus der Phyle Ἱπποθωντίς (CIA 1 no. 447 III 44), Μακίστιος (Xenoph. Anab. 7. 4, 16), Akragas (Head Hist. Num. 106); Σιλανίων Megara (Snlg. no. 3025 44; 3. Jahrh.), Κυθωκίδης (CIA 2 no. 2195).

Ich mache auf die Verbindung Κόρυμβος Σιλανοῦ[1]) (Messene; BCH 5. 152 17) aufmerksam: der Sohn trägt einen Haarschopf, der Vater gleicht dem φαλακρός, der Eurip. Kykl. 227 leider keine Prügel bekommen hat.

Σάτυρος Halikarnassos (Ion. Inschr. no. 240 31), Thasos (Mitth. 22. 120 no. 1 1), Styra (Ion. Inschr. no. 19, 300), Athen (ein Λευκονοεύς CIA 1 no. 237 Ende);

Σατυρίδης Σατύρου Iasos (Ion. Inschr. no. 104 a 17), Ἰουλιήτης (CIA 4 Suppl. 2 no. 54b 36), beide aus dem 4. Jahrh.;

Σατυρίσκος Βυζάντιος (Mitth. 15. 219);

Σατυρίων Παταίκου Pantikapaion (Ion. Inschr. no. 119 1; 4. Jahrh.), Iasos (Le Bas-Waddington no. 298), Delos (BCH 11. 273 no. 36 1), Chalkis (BCH 16. 114 no. 18), Φυλάσιος (CIA 2

---

1) ΣΙΔΑΝΟΥ die Abschrift.

no. 983 II 18). Ἀνθηδόνιος (CIA 2 no. 2792), Naupaktos (IGS 3 no. 359 9), Kranioi (BCH 7. 191 II 13), Trozan (BCH 17. 120 no. 34 4).
Ein Thessaler heisst Σατυρίων Τβρίσταιος (Smlg. no. 326 II 80; 3. Jahrh.): Beweis genug, dass die Ähnlichkeit zwischen Mann und Satyr auch auf der ethischen Seite liegen kann.
Berühmt ist die Vergleichung des Sokrates mit den Silenen bei Platon (Symp. p. 215) und Xenophon (Symp. 5). Bei Xenophon wird sie nach der körperlichen Seite theilweise durchgeführt: Sokrates-Silenos lobt seine Augen, weil sie nicht nur τὸ κατ᾽ εὐθὺ ὁρῶσιν sondern auch τὸ ἐκ πλαγίου διὰ τὸ ἐπιπόλαιοι εἶναι; ferner die σιμότης seiner Nase und die παχύτης seiner Lippen. Wäre das Bild vollständig, so würde auch der Kahlköpfigkeit, der Pferdeohren, des zottigen Leibes und wol auch schon des dicken Bauches Erwähnung geschehen. Wessen Körper nun eines oder mehrere[1]) der für die Silene charakteristischen Merkmale aufwies, für den war die Vergleichung mit den scurrilen Gesellen gegeben, einer der Spitznamen Σιληνός, Σάτυρος der Umgebung auf die Zunge gelegt.

Eine andre Reihe von Spitznamen hat auffällige Beschaffenheit einzelner Theile des sichtbaren männlichen Körpers zur Voraussetzung.
Der edelste dieser Theile ist der Kopf.
Die griechische Sprache besitzt eine stark ausgebildete, weit verbreitete Sippe von Namen, die durch Umgestaltung des Wortes κεφαλή geschaffen sind.
Κέφαλος Athen (Aristoph. Ekkl. 248 und sonst), Styra (Ion. Inschr. no. 19, w. 213—218), Θεσσαλός (CIA 4 Suppl. 1 no. 491¹⁴), Syrakus (*Λυσίας υἱὸς ἦν Κεφάλου τοῦ Λυσανίου τοῦ Κεφάλου, Συρακοσίου μὲν γένος . . . .* Zehn Redner Lysias 1), Klazomenai (Plat. Parm.), Korinth (Plut. Timol. 24), Epidauros (Ἐφ. ἀρχ. 1892. 72 30), Κολκαῖος (Smlg. no. 1350 7), Akarnanien (IGS 3 no. 531), Dreros (Mus. Ital. 3. 657 no. 73 A 4);
Κεφάλ(λ)ες Theben (IGS no. 3634; 5. Jahrh.), Κεφάλλεις Hyettos (ebd. no. 2826 11);
Κεφαλίων häufig in Athen seit dem 5. Jahrh. (CIA 1 no. 432 I 5), Ὀλύνθιος (CIA 4 Suppl. 2 no. 3244 b), Ἡρακλεώτης (CIA 2 no. 614 n), Henkel mit ἀστυνόμου (Becker Jahrb. f. Phil. Suppl. 10. 29 no. 22); Verdoppelung des λ in Styra (Ion. Inschr. no. 19, 213) wol nur durch Schreibfehler[2]);
Κεφαλῖνος Pharsalos (Smlg. no. 329 B), Τορυδαῖος (Smlg. no. 1339 4); ein χρηστός wird CIA 2 no. 3849 erwähnt;

---
[1]) Vgl. *Δριλων Γασσιφεύνιος, Σιμίας Φαλάκριος* Smlg. no. 326 II 17, no. 815 19; *Σίμινος Φαλακρίανος* Fouilles d' Épidaure 1 no. 258 6.
[2]) Ein Κεφαλίων aus einer andren euböischen Stadt Mitth. 9. 271 Beil. a 9.

Κεφάλων Πελιννα[ιεύς] (BCH 20. 206 30; 4. Jahrh.), Delphi (BCH 20. 205 13), Diener des älteren Aratos (Polyb. 8. 14, 6);
Κεφαλύτης Styra (Ion. Inschr. no. 19. 117 f.; 5. Jahrh.)[1]).

Stünden die Namen *Κέφαλος*, *Κεφαλίων* allein, so läge nichts näher als die Annahme, dass Leute, die *Κέφαλος* heissen, namentlich Athener, nach dem Heros genannt, die *Κεφαλίωνες* dagegen als seine Nachkommen gedacht seien. Aber die drei Formen *Κεφάλλει*, *Κεφάλων*, *Κεφαλύτης* machen so sehr den Eindruck von Spitznamen, dass man die Möglichkeit ins Auge fassen muss, in *Κέφαλος* fallen zwei Namen verschiedner Herkunft zusammen: der auf den Menschen übertragne Name des Heros, und der Spitzname für Leute, die einen dicken Kopf haben. Bekanntlich gibt es auch einen Fisch *κέφαλος*. Nach der Erklärung des Enthydemos bei Athen. p. 307 b ist ihm dieser Name beigelegt *διὰ τὸ βαρυτέραν τὴν κεφαλὴν ἔχειν*. Cuvier hat ihn mit dem Mugil cephalus identificiert (vgl. Aubert-Wimmer *Ἀριστοτέλους Ἱστορίαι περὶ ζώιων* 1. 130). Wenn man nun erfährt, dass die Griechen aus einer Gattung von Fischen eine Art als Dickköpfe heraushoben, so wird man von ihnen erwarten, dass sie auch menschliche Individuen, die *βαρυτέραν τὴν κεφαλὴν ἔχουσιν*, als *Capitones* bezeichnet haben.

Weniger Worte sind zur Erklärung der nächsten Sippe nöthig, der φοξός zu Grunde liegt:

Φόξος ὁ τύραννος Chalkis (Aristot. Polit. 5. 4);
Φοξίδας Μελιταιεύς (Polyb. 5. 63, 11; 3. Jahrb.);
Φοξίας Ἀλωπεκῆθεν (CIA 4 Suppl. 2 no. 775 b II 6; 4. Jahrh.), Herakl. Pont. (IGS 1 no. 2531 3);
Φοξῖνος Theben (IGS 1 no. 2420 f; 3. Jahrh.), Thessalien (Smlg. no. 326 III 11);
Φόξων Orchomenos (IGS no. 3178 a; 3. Jahrb.).

Von Thersites sagt Homer (B 219) φοξὸς ἔην κεφαλήν; die φοξίχειλος Ἀργείη κύλιξ des Semonides von Amorgos wird bei Athen. p. 480d als eine κύλιξ εἰς ὀξὺ ἀνηγμένη, οἷοί εἰσιν οἱ ἄμβικες καλούμενοι definiert. Also kein Zweifel, dass wir eine Gesellschaft Spitzköpfe vor uns haben. Der Krannunier Θερσίτας, der Smlg. no. 345 11 das Bürgerrecht von Larisa erhält[2]), könnte ebenfalls ein φοξός sein, wenn sein klassisches Vorbild nicht so viele körperliche und seelische Vorzüge aufwiese, dass wir nicht wissen können, welche Gemeinsamkeit mit diesem ihm den Ehrennamen eingetragen hat.

Neben dem Spitzkopfe darf der Langkopf nicht fehlen. Bahnen wir uns

---

[1] Ich möchte, im Anschluss an Fick (GP 30), die Frage aufwerfen, ob nicht die böotischen Namen *Κίφων*, *Κιφάνιχος*, *Κιφίνας* (IGS 1 no. 1751 3, 3175 6c. 3635, für die sonst keine Erklärung zu finden ist, aus *Κεφάλων* u. s. f. verkürzt sind (vgl. *Καφά* aus *Καφισό*).

[2] Ein zweites Beispiel des Namens findet man Journ. Hell. Stud. 9. 341: ein Θεσαλῆς Θερσίτου Μελιβοιεύς wird laut der zweiten dort abgedruckten Urkunde πρόξενος von Iasos.

den Weg zu ihm durch Bewundrung der Verse, in denen Kratinos den Kopf des Perikles portraitiert hat:

*Ὁ σχινοκέφαλος Ζεὺς ὁδὶ προσέρχεται
ὁ Περικλέης, τῳδεῖον ἐπὶ τοῦ κρανίου
ἔχων, ἐπειδὴ τοὔστρακον παροίχεται*

(Meineke 2. 61). Plutarch, der sie mittheilt (Perikl. 13), hat seiner Quelle auch die Erklärung des Beiworts *σχινοκέφαλος* entnommen: *σχῖνος* sei synonym mit *σκίλλα*, der Staatsmann habe eine *προμήκη κεφαλὴν καὶ ἀσύμμετρον* auf die Welt gebracht (Perikl. 3).

Der Langkopf ist durch einen vergleichenden Namen vertreten. Ich meine *Μάκρων*[1]) Vasenmaler zu Athen (Klein Vaseninschr. mit Meistersign." 173; 5. Jahrh.), ferner beglaubigt für Styra (Ion. Inschr. no. 19,250), Halikarnassos (Dittenberger Syll. no. 6c 41), Chios (ebenda no. 350,11), Alexandreia (ebenda no. 198 131), Byzanz (CIA 2 no. 2859 z).

Wäre *Μάκρων* aus Euboia allein bezeugt, so würde man mit der Berufung auf die Notiz des Steph. Byz. *Μάκρις· ἡ Εὔβοια· οἱ οἰκοῦντες Μάκρωνες* auskommen. Bei der weiten Verbreitung des Namens aber halte ich diese Erklärung für ausgeschlossen. Dagegen kann *Μάκρων* überall verstanden werden als ein Mann wie ein Makrone. Die *Μάκρωνες* sind von den Griechen frühzeitig mit dem fabelhaften Volke der *Μακροκέφαλοι* identificirt worden, bei dem es für vornehm galt den Kopf des Neugebornen *ἀνακλάσσειν καὶ ἀναγκάζειν ἐς τὸ μῆκος αὔξεσθαι*, so dass schliesslich der *νόμος* zur *φύσις* führte (Hippokrates *Περὶ ἀέρων* 14). Herodot erwähnt die *Μάκρωνες* zusammen mit den *Τιβαρηνοί, Μοσύνοικοι, Μάρες* und *Μόσχοι* (3. 94), setzt sie also in die Gegend, in der sie später Xenophon findet. In dem gleichen Gebiete aber lässt Skylax die *Μακροκέφαλοι* hausen: Müller Geogr. Gr. 1. 62 § 85 *Μετὰ δὲ Βέχειρας Μακροκέφαλοι ἔθνος, καὶ Ψωρῶν λιμήν, Τραπεζοῦς πόλις Ἑλληνίς.* § 86 *Μετὰ δὲ Μακροκεφάλους Μοσσύνοικοι ἔθνος, καὶ Ζεφύριος λιμήν, Χοιράδες πόλις Ἑλληνίς, Ἄρεως νῆσος.* Sobald diese Gleichsetzung vollzogen war, konnte der Volkswitz Leute, die mit langem Haupte durch die Strasse zogen, als Landsleute der *Μάκρωνες* feiern.

Die auffällige Gestaltung der Stirne hat vielleicht ihre Würdigung gefunden in

Μέτωπος Συβαρίτης (Iambl. De vita Pyth. 190,11 N.), *Μέτωπος Λεοντομένειος, Μ. Δαμοθέρσειος Κραννούνιοι* (Smlg. no. 345 s. 15; 3. Jahrh.).

Sprachlich ist es jedenfalls möglich *Μέτωπος* als Mann mit breiter oder hoher

---

1) Dieser Name ist OP² 194 ohne Zweifel verkehrt beurtheilt. An und für sich könnte *Μάκρων* auch den langen Menschen bezeichnen. Aber die Griechen verbinden mit *Μάκρων* einen bestimmten Begriff.

Stirne zu fassen, als Synonymum von μετωπίας, das Pollux bezeugt: καὶ μὴν ὀνομάζοιτ' ἄν τις εὐκέφαλος, ἢ ὀξυκέφαλος, ὃν Ὅμηρος καλεῖ φοξόν, ... ἢ εὐρυμέτωπος ὡς Ἀλκιβιάδης· ὁ δὲ τοιοῦτος καὶ μετωπίας ὀνομάζεται (2. 43). Es muss aber hervorgehoben werden, dass noch andre Erklärungen sprachlich zulässig sind, die durch die in Thessalien beobachteten Namenverbindungen nahe gelegt werden, dass also Μέτωπος nicht mit Sicherheit als Äquivalent des lat. *Fronto* in Anspruch genommen werden darf.

Mit dem Auge steht wieder eine grössere Anzahl Namen in Verbindung. Eine Aussage über die Beschaffenheit der Augenbrauen enthält der Name

Ὀφρυλλος Larisa (Mitth. 7. 226 no. 4₈);
vgl. etwa συνόφρυς κόρα Theokr. 8. 72.

Die Schieler bilden eine Gruppe unter sich, die durch zwei Wortstämme und durch vergleichende Namen vertreten ist.

Στράβαξ Bildhauer in Athen (CIA 2 no. 1155; 4. Jahrh.); Στράβων Thasos (Thas. Inschr. no. 19 I₃; 3. Jahrh.); ὁ Ἀμασεὺς φιλόσοφος (Suid.); Στρόβων Eretria (Ἐφ. ἀρχ. 1895. 130₁₄), ohne Zweifel eingewanderter Boioter oder Thessaler.

Vgl. Poll. 2. 51 .... διάστροφος, στρεβλός· ὁ γὰρ στραβὸς ἰδιωτικόν, καὶ οἱ στράβωνες (überl. στραβῶνες) ἐν τῆι νέαι κωμωιδίαι.

Ἴλλων Theben (IGS 1 no. 2431₁₀; 4./3. Jahrh.).

Vgl. Aristoph. Thesm. 846 ἰλλὸς γεγένημαι προσδοκῶν, wozu in den Scholien aus Sophron ἰλλοτέρα τᾶν κορωνᾶν citiert wird [1]).

Als vergleichende Namen, die in dies Gebiet einschlagen, dürfen angesehen werden

Καρκίνος Ναυπάκτιος (Charon bei Paus. 10. 38, 11; 6. Jahrh.), Athen (Aristoph. Fried. 782 ff.), Halikarnassos (Ion. Inschr. no. 239₄), Πηγῖνος (Diod. 19. 2, ₉), Antiochia (CIA 2 no. 2808), Prokonnesos (obd. no. 3278); Καρκινίων Styra (Ion. Inschr. no. 19, ₉₁₁; 5. Jahrh.)

und

[Κά]ραβος Chaironeia (IGS 1 no. 3300₉₅) [2]).

Im Symposion des Xenophon (5. 5) rühmt Sokrates an seinen Augen, dass sie ihm auch τὸ ἐκ πλαγίου ὁρᾶσιν διὰ τὸ ἐπιπόλαιοι εἶναι. Darauf erhält er die Antwort: λέγεις σὺ καρκίνον εὐοφθαλμότατον εἶναι τῶν ζώιων. Über die Augen der Languste urtheilt Aristoteles Περὶ τὰ ζῶια ἱστορ. (4. 2): τὰ δ' ὄμματα ....

---

1) Einen Naturfehler des Krähenauges kann Sophron nicht im Sinne gehabt haben. Die Krähe schielt nur in dem Sinne, in dem es der Stier auf dem bei Herondas 4. 66 ff. beschriebnen Bilde thut.

2) Ein Κάραβος war wol auch auf der verstümmelten Urkunde CIA 4 Suppl. 1 no. 116 ₃₅ erwähnt (erhalten ₉ΡΑΒΟΙ).

ἐστὶ σκληρόφθαλμα, καὶ κινεῖται καὶ ἐντὸς καὶ ἐκτὸς εἰς τὸ πλάγιον, wofür es etwas später heisst: εἰς τὸ πλάγιον βλέπουσιν οἱ πλεῖστοι. Den Alten lag also die Gleichsetzung des Schielers mit Krabbe oder Languste recht nahe[1]). Der Staatsmann Kallimedon hat nachweisbar den Beinamen ὁ Κάραβος mit aus dem Grunde bekommen, weil er schielte. Dafür zeugen zwei von Athenaios (p. 339 f, p. 340) ausgehobne Komikerstellen.

Timokles im *Πολυπράγμων* (Meineke 3. 609):

> Εἶθ' ὁ Καλλιμέδων ἄφνω
> ὁ Κάραβος προσῆλθεν, ἐμβλέπων δ' ἐμοί,
> ὡς γοῦν ἐδόκει, πρός ἕτερον ἄνθρωπόν τινα
> ἐλάλει, συνιεὶς δ' οὐδὲν εἰκότως ἐγὼ
> ὧν ἔλεγεν ἐπένευον διακενῆς · τῶι δ' ἄρα
> βλέπουσι χωρὶς καὶ δοκοῦσιν αἱ κόραι.

Alexis im *Κρατείας ἢ Φαρμακοπώλης* (Mein. 3. 431):

> Τῶι Καλλιμέδοντι γὰρ θεραπεύω τὰς κόρας
> ἤδη τετάρτην ἡμέραν. — Ἦσαν κόραι
> θυγατέρες αὐτῶι; — Τὰς μὲν οὖν τῶν ὀμμάτων,
> ἃς οὐδ' ὁ Μελάμπους, ὃς μόνος τὰς Προιτίδας
> ἔπαυσε μαινομένας, καταστήσειεν ἄν.

Allerdings liebte er auch Langusten zu verspeisen, so dass sogar das φιλοσοφώτατον γένος der Fischhändler den Beschluss fasste sein Bildnis auf dem Markte aufzustellen, ἔχουσαν ὀπτὸν κάραβον ἐν τῆι δεξιᾶι, da Er allein ihr Gewerbe zur Blüthe brächte (Alexis bei Meineke 3. 407). Aber er ist auch sonst kein Kostverächter; so wird es ihm äusserst schwer den Kopf eines γλαῦκος fahren zu lassen (Antiphanes bei Meineke 3. 43), er allein versteht es κατακάπτειν ἐκ ζεόντων λοπαδίων ἄθρους τεμαχίτας, ὥστ' ἐνεῖναι μηδὲ ἕν (Eubulos bei Meineke 3. 207), und den Aal liebt er so getreulich, dass Menander noch den todten Mann als Vetter des Aales feiert (Meineke 4. 161). Wenn ihm also der Witz der Komödie von all diesen Lieblingen nur den κάραβος als ständigen Begleiter mitgab, so muss das geschehen sein, weil so mit Einer Klappe zwei Fliegen zu schlagen waren: die Leidenschaft für die Languste und die Gewohnheit die Augen wie die Languste zu stellen[1]).

Ferner machen wir die Bekanntschaft eines Blinzlers:
Δενδίλος Thessalien (Smlg. no. 326 I ss. s; 3. Jahrh.).
Vgl. Hom. I 180 δενδίλλων ἐς ἕκαστον, 'jedem einzelnen zublinzelnd'; διανεύων τοῖς ὀφθαλμοῖς Schol. Ven. A.

---

1) Die Augen des καρκίνος eignen sich noch in einem andren Sinne zum Vergleiche. Herondas 4. 44 beschwert sich Kynno über die Langsamkeit ihrer Dienerin mit der Wendung
ἕστηκε δ' εἰς μ' ὁρεῦσα καρκίνου μέζον.
Sie ärgert sich also über die Knopfaugen der δούλη.

Den Triefäugigen muss man wol erkennen in
Γλημῦς (Schalendeckel aus Phaleron, Kretschmer Vaseninschr.
100) [1]).
Der Name ist auf γλήμη aufgebaut und sinnverwandt mit γλάμων, einem Worte,
das als Beiname verwendet worden ist. Bei Aristophanes werden zwei γλάμωνες
durchgenommen: Frösche 588 *Αρχέδημος ὁ Γλάμων*, Ekkl. 254. 398 *Νεοκλείδης
ὁ Γλάμων*. Mit dem ersten von ihnen hatte sich schon Eupolis beschäftigt; er
nennt ihn, wir wissen nicht in welchem Zusammenhange, schlechtweg τὸν Γλά-
μωνα: τὴν κανδοσεύτριαν γὰρ ὁ Γλάμων ἔχει (Meineke 2. 432 fragm. 14). Beiname
also ist das Wort γλάμων sicher gewesen; vielleicht aber auch an die Stelle des
bürgerlichen Namens gerückter Spitzname. Zu *Αρχέδημος ὁ Γλάμων* bemerken
die Scholien zu den Fröschen (588): γλάμων· ὁ ἔχων λήμας, ὁ ἀκάθαρτος....
Καλλίστρατός φησιν ὅτι οὕτως ἐκαλεῖτο Γλάμων, ὡς Χάρων.

Über die der Erwartung zuwiderlaufende Form der Nase haben die
Griechen ihren Spott ebenfalls in einer Anzahl Namen niedergelegt.
Seit dem 6. Jahrhundert sind Namen zu belegen, die den Stamm σιμό- enthalten, also den Stumpfnasigen charakterisieren. In keiner Landschaft
fehlen sie. Ich begnüge mich auch hier damit für jede mir bekannte Namenform
einen einzigen Beleg zu geben; das Verbreitungsgebiet des Stammes wird sich
auch so erkennen lassen.

[Σ]ῖμος Korkyra (IGS 3 no. 870 1; 6. Jahrh.);
Σιμᾶς Ionier unbekannter Herkunft (CIA 4 Suppl. 2 no. 1012 b s);
Σιμάδας Halos (BCH 11. 367 s);
Σίμαχος *Δαυλιεύς* (Smlg. no. 1969 d);
Σιμάων Samos (BCH 5. 482 s);
Σίμαλος Abdera (Num. Chron. 1892. 3);
Σιμαλίων Thasos (Thas. Inschr. no. 4 I 10) [7]);
Σῖμις Delos (BCH 9. 147, s);
Σιμίας *Φαλάκρειος Σαμόθραξ* (Smlg. no. 345 ω);
Σιμιάδας Karpathos (IGI 1 no. 1034 b);
Σιμίδας Tegea (Smlg. no. 1231 II n);

---

[1] Die Aufschrift ϘΥΚΛΟΣ ΓΛΕΜΥΔΟ — ich vermag die Buchstabenformen nicht genau
wiederzugeben — bildet einen Kreis; zwischen dem Anfange des einen und dem Ende des zweiten
Wortes ist ein Spatium gelassen. Kretschmer liest wie seine Vorgänger Klnusopulos, ECurtius und
Beandorf *Κύκλος Γλημόδον*. Da mir eine Namenform *Γληρόδης* bedenklich vorkommt, denke ich
mir ΓΛΕΜΥΔΟ als Γληφδο(ς) und gewinne so einen Namen Γληρός, für den ich mich auf *Καμψός*
und Genossen (Bekker Anecd. p. 1195) berufe. Zur Flexion vgl. *Κορυθός* neben *Κορυθ* auf der
Execrationsinschrift CIA 2 App. no. 57.
[2] Bei dieser Gelegenheit sei bemerkt, dass sich dieser Name auch hinter dem ΣΙΜΞΑΙΩΝ
Z. 66 des Verzeichnisses keischer Proxenoi verbirgt, dessen Bruchstück Mitth. 9. 271 Beil. fac-
similiert ist.

Σιμίσκος Tauromenion (IGSI no. 421 I ann. 1);
Σιμιχίδας Theokr. (vgl. Paton-Hicks 355);
Σιμίων Korinth (Smlg. no. 3119a; 6. Jahrh.);
Σιμύλος Styra (Ion. Inschr. no. 19, ιι f.);
Σιμυλίων Δελφός (BCH 20. 202 ιɜ);
Σιμυλίνος knidischer Henkel (Dumont 244 no. 98);
Σίμων¹) Klazomenai (CGC Ionia 27 no. 88);
Σιμώνδης Σίμωνος Eretria (Ἐφ. ἀρχ. 1895. 131 II 4);
Σιμωνίδης τῆς φυλῆς Πανδιονίδος (CIA 4 Suppl. 1 no. 446a II π).
Namenformen mit verdoppeltem μ sind mir aus mittelgriechischen Inschriften, die bis ins 4. Jahrh. hinaufreichen, bekannt:
Σίμμος Κραννούνιος (Smlg. no. 345 τ4);
Σιμμίας Theben (IGS 1 no. 2429 ι), Chaironeia (ebd. no. 3322 ι), Κραννούνιος (Smlg. no. 345 6ι), Phalanna (Smlg. no. 1330 4). Ὁμολιεύς (BCH 20. 207 46);
Σίμμιχος Hyampolis (IGS 3 no. 87 54);
Σιμμίοιν Κραννούνιος (Smlg. no. 345 51).
Diese ganze Masse von Namen geht von σιμός aus, ist geschichtlich von den Vollnamen Σίμαιθος (Stratos; IGS 3 no. 446 ιϝ) und *Ἀντίσιμος²*) (Karpathos; IG1 1 no. 1034 36), wie Hoffmann (Beitr. 22. 137 f.) mit Recht betont hat, ganz unabhängig. *Ἀντίσιμος* erinnert an ἀνάσιμος bei Herondas (4. 67; so die erste Hand), und ist einer der vielen zweistämmigen Spitznamen. Σίμαιθος (das Femin. Σιμαίθη seit dem 5. Jahrh.) macht wegen der Unübersetzbarkeit der Zusammensetzung den Eindruck, als sei diese lediglich durch Wucherung des zweiten Namenwortes zu Stande gekommen.

Nach Herodot (4. 23) waren alle Skythen φαλακροί .... καὶ σιμοὶ καὶ γένεια ἔχοντες μεγάλα. Es würde also der Anschauungsweise des Griechen nicht fern gelegen haben einen Stumpfnasigen Σκύθης zu benennen. Aber mehr als die Möglichkeit anzudeuten vermag ich nicht.

Kyros räth dem Chrysanthas eine σιμή zu ehelichen, da er selbst ein γρυπός sei; zu der σιμότης der weiblichen Hälfte werde die γρυπότης der männlichen die wünschenswerthe Ergänzung bilden (Xenoph. Kyrop. 8. 4, 21). Wer einen Knaben lieb hat, sagt Platon (Polit. 5. 19), findet alles an ihm schön: ὁ μέν, ὅτι σιμός, ἐπίχαρις κληθεὶς ἐπαινεθήσεται ὑφ' ὑμῶν, τοῦ δὲ τὸ γρυπὸν βασιλικόν φατε εἶναι, τὸν δὲ δὴ διὰ μέσου τούτων ἐμμετρότατα ἔχειν κτλ. Grund genug, nach der Betrachtung, der σιμοί die Gesellschaft der Habichtsnasen aufzusuchen.

---
1) Mit kurzem ι, vgl. Μίκιυρ.
2) Die Vermuthung, dass *Ἀντίσιλλος* auf dem Steine stehe (Beitr. 21. 227¹), muss ich nach brieflicher Mittheilung des Herrn Dr. Hiller von Gärtringen zurücknehmen.

Γρύπος Athen (Aristoph. Ritt. 877; überl. *Γρύττον*, doch hat Suidas in den Aristophanesscholien, aus denen er schöpfte, die Variante *Γρύπον* gefunden);
[Γ]ρύπων Athen (CIA 2 no. 1010₁; 4. Jahrh.), freigelassen in Epeiros (Smlg. no. 1351₁);
Γρυπίων Tenos (Anc. Gr. Inscr. no. 377₈₃; 3. Jahrh.).
Antiochos VIII erhielt wegen seiner Habichtsnase den Beinamen ὁ *Γρυπός* (vgl. Athen. p. 153 b ὑπὸ τοῦ *Γρυποῦ* καλουμένου *Ἀντιόχου*).

Wenn Männer die Namen von Vögeln führen, die durch krummen Schnabel ausgezeichnet sind, so können sie wegen ihrer *γρυπότης* dazu gekommen sein. Daher darf ich hier einreihen

Ἱέραξ Sparta (Xenoph. Hell. 5. 1, 8), Amphipolis (Demosth. 1. 8),
Ἀντιοχεύς (Poseidonios bei Athen. p. 252 c), *Σελευκεύς* (CIA 2 no. 3310), Fabricant auf einem rhodischen Henkel (IGSI no. 2393, ₈₀);
Ἱέρακος Θεοκύδους Delos (BCH 14. 401 ₁₃; 3. Jahrh.);

ferner

Βάρβαξ Thera (7. Jahrh.; mitgetheilt von Dr. Hiller von Gürtringen);

und

Ἰκτῖνος, Erbauer des Parthenon (Paus. 8. 41. ₉).
Der Name *Βάρβαξ* wird durch die Glosse *βάρβαξ· ἱέραξ παρὰ Λίβυσι* (Hes.) erläutert, die, wie der Stein von Thera zeigt, nicht angetastet werden darf. Übrigens gelten die grossen Vögel als Könige, daher ihre Namen auch als ehrende Cognomina verwendet werden: Plut. Arist. 6 ὁ *τῶν βασιλέων καὶ τυράννων οὐδεὶς ἐζήλωσεν, ἀλλὰ Πολιορκηταὶ καὶ Κεραυνοὶ καὶ Νικάτορες, ἔνιοι δὲ Ἀετοὶ καὶ Ἱέρακες ἔχαιρον προσαγορευόμενοι*. ... Auf Inschriften der Kaiserzeit trifft man den Namen *Ἱέραξ* so häufig, dass man ihn hier wol für Ehrennamen halten muss.

Auch der Besitzer einer starken Nase, der *Naso*, kommt im Lexikon der Spitznamen nicht zu kurz.
Zu *ῥιν-* wird gebildet

Ῥίνων ὁ *Παιανιεύς* (Aristot. *Ἀθην. Πολιτ.* 38; 5. Jahrh.), Megara (Smlg. no. 3025 ₈₆)[1]).

Das Wort *ῥύγχος* wird nach Athenaios (p. 95 d) ursprünglich *ἐπὶ τῶν συῶν* gebraucht; aber auch den Vögeln wird ein *ῥύγχος* zugeschrieben (τοῖς δ' ὀρνισίν *ἐστι τὸ καλούμενον ῥύγχος στόμα*, Aristot. *Περὶ ζῴων μορίων* 3. 1), nicht minder dem Hunde (Theokr. 6. 30). Wenn in vulgärer Redeweise auch der Mensch mit einem *ῥύγχος* ausgeboten wird, so kann mit dem *ῥύγχος* nur ein rüsselartig gebauter Mund oder eine schnabelartig gebaute Nase gemeint sein. Die Wen-

---

[1]) Εὐφρόνης *Ῥίνωνος* auf einem megarischen Steine des 5. Jahrh. (Class. Rev. 1891. 344, Mitth. 21. 443). Der erste Name ist aus Εὐφρόνητος verkürzt; vgl. *Λιποθνής* bei Aischylos.

dungen Ὤδη τὸ ῥύγχος τοῦ παντοέρκτεω τοῦδε, Κόπτε τὸ ῥύγχος αὐτοῦ (Herond.
5. 41, 7. 6), die um einen Ton tiefer gestimmt sind als Ἕλκε τῆς ῥινός und
Κόπτε τὴν ῥῖνα (Crusius Unters. zu d. Mimiamb. d. Herond. 103. 111), lassen es
räthlich erscheinen an die Nase zu denken. So entpuppt sich der
   'Ρύγχων Theben (IGS 1 no. 2573; 5. Jahrh.)
als ein Mann mit starker Nase.
   Mit den Bedeutungen von ῥύγχος berühren sich die von ῥάμφος nahe. Aristophanes nennt den langen Schnabel des Wiedehopfs ῥάμφος (Vögel 99). Die Nebenform ῥέμφος wird bei Hesych mit στόμα· ἢ ῥίς glossiert. Die ῥαμφή erklärt Hesych mit κοπίς und μάχαιρα; es wird also ein leicht gekrümmtes Schwert mit ihr gemeint sein. Demnach darf man sich unter
   'Ραμφίας Λακεδαιμόνιος (Thuk. 1. 139,3)
einen Mann mit vorspringender Nase vorstellen.

   Mindestens Ein vergleichender Name findet hier Unterkunft.
Aristoph. Vög. 1292 ff. lesen wir:
   Πέρδιξ μὲν εἰς κάπηλος ὠνομάζετο
   χωλός, Μενίππωι δ' ἦν Χελιδὼν τοὔνομα,
   Ὁπουντίωι δ' ὀφθαλμὸν οὐκ ἔχων Κόραξ.
Die Scholien geben an, dass der Dichter der *Αταλάντη* (Strattis) des *Ὀπούντιος* gedenke *ὡς μέγα ῥύγχος ἔχοντος*, ebenso Eupolis in den Taxiarchen. Daraus darf geschlossen werden, dass der Demagog wegen seines ῥύγχος zu seinem Übernamen gekommen sei[1]. Auf diese Weise ist eine Möglichkeit gefunden die Bedeutung des Namens
   Κόραξ Thera (7. Jahrh.; mitgetheilt von Hiller von Gürtringen),
       Syrakus (Aristot. Rhet. 2. 24), *Ἡρακλ[ιώτης]* Le Bas-Waddington no. 599 b 11)
zu begreifen.
   Es fragt sich aber, ob nicht auch den übrigen Namen, die von Vögeln mit langen Schnäbeln entliehen sind, der Sinn inne wohne, den wir für *Κόραξ* aus den Quellen erweisen konnten. Leider vermag ich die Frage nur aufzuwerfen, nicht zu fördern. So mögen also die Krähe
   Κόρωνος Styra (Ion. Inschr. no. 19. 20; 5. Jahrh.), *Κηφισιεύς*
       (CIA 2 no. 1465 3), *Κόρωνος Κραννούνιος* (Smlg. no. 345 31);
   Κορώνιχος Eretria (Ἐφ. ἀρχ. 1895. 133 I 48);
   Κορωνίων Ἐροιάδης (CIA 2 no. 2029),
die Dohle
   Κολοιός Apollonia Ill. (Münzen des österr. Kaiserhauses 1. 23
       no. 24: 3.2. Jahrh.).

---

1) *Κόραξ* ist auch Spitzname des *Καλλιάδης*, der den Archilochos tödtete (Plutarch Περὶ τῶν ὑπὸ τοῦ θεοῦ βραδέως τιμωρουμένων p. 560 d). Was ihn veranlasst hat, ist nicht bekannt.

und der Wiedehopf
Έποψ (CIA 2 no. 3660; Sklave) einstweilen nur der Vollständigkeit halber genannt sein.

Zum Ersatze sei es gestattet einen witzigen Spitznamen aus der Zeit der zweiten Sophistik anzuführen, den ich Grasberger verdanke (Stichnamen 33**): Varus aus Perge hiess *Πελαργός διὰ τὸ κυρτὸν τῆς ῥινὸς καὶ ῥαμφῶδες* (Philostr. *Βίοι σοφιστῶν* 2. 250 K.).

Stark entwickelte Ohrlappen bilden den Gegenstand der Schadenfreude in den Namen
Λόβων ἐκ Κηδῶν (CIA 1 no. 59 4; 5. Jahrh.), *'Αργεῖος* (Diog. Laert. 1. 1, s).
Der Silenenname *Ὀρατίης* charakterisiert die Pferdeohren des Silenos (Kretschmer Vaseninschr. 64). Fick hat ihn mit dem mythischen *Ούατίας* (Nikol. Damasc. fragm. 53 M.) identificiert (Odyssee 10).

Wer ein Paar tüchtige Kinnbacken in Bewegung zu setzen hat, bekommt seinen Namen von der *γνάθος*. Die Sippe ist alt und weit verbreitet.
Γνάθων Styra (Ion. Inschr. no. 19, 178; 5. Jahrh.), Halikarnassos (ebd. no. 240 a is), *Χολλείδης* (CIA 2 no. 943 II n), *Δικαιεύς* (Paus. 6. 7, s), Kos (Paton-Hicks no. 9 17);
Γνάθις Θεσσαλός (Paus. 5. 24, s; 5. Jahrh.), *'Ελευσίνιος* (CIA 4 Suppl. 2 no. 574b 19), *'Αργεῖος* (*Έφ. άρχ.* 1892. 70 54), Lokr. Epizeph. (IGSI no. 2401 1);
Γναθίος 'Ατηνεύς (CIA 2 no. 869 I so; 4. Jahrh.), Euboia (Mitth. 9. 271 Beil. a 7), Korkyra (IGS 3 no. 682 4), *Κρὴς Τυλίσιος* (Mitth. 11. 48 no. 3 s).
Bei *Γνάθων* entwickelt sich aus der Bedeutung 'wer starke *γνάθοι* hat' nachweislich die Bedeutung 'wer die *γνάθοι* fleissig in Bewegung setzt' (*ἀλοᾶν χρὴ τὰς γνάθους* Aristoph. fragm. 544 Dind.), besonders auf fremde Kosten. Einem *πολυφάγος* hat Eupolis Eselskinnbacken zugeschrieben (Meineke 2. 572 fragm. 85). Zu dem Inventar eines *παράσιτος* gehört nach Nikolaos (Meineke 4. 579 f.) eine *γνάθος ἀκάματος*; mit dieser zerschmettert er die Tische, um sie für die Wettbewerber unzugänglich zu machen (Anaxippos, Meineke 4. 464). So wird deutlich, warum ein tapfrer Mann, der *γέγονε δεινότατος τἀλλότρια δεικνύειν*, den Namen *Γνάθων* tragen konnte (Plut. *Συμποσ. προβλημ.* 7. 2).

Auffälliger Bau des Mundes hat zur Bildung von Spitznamen veranlasst, in denen die Nomina *στόμα* und *χεῖλος* benutzt erscheinen.
Von *στόμα* geht aus
Στομᾶς Αἰτωλός (Dittenberger Syll. no. 188 s; 3. Jahrh.), Hyettos

(IGS I no. 2815 4), Trozen (*Αερίας Στομά* BCH 17. 94 no. 10 s). Am nächsten liegt es *Στομάς* als Verkürzung von *Στόμαργος* zu fassen. Ich bin auch weit entfernt zu läugnen, dass mancher Träger des Namens ihn seiner Zungenfertigkeit zu danken habe. Aber die Verbindung eines *Αερίας* mit einem *Στομάς* scheint mir dem *Στομάς* in diesem bestimmten Falle die Bedeutung 'einer der einen grossen Mund hat' zu vindiciren, da *Αερίας* doch wol den bezeichnet, 'der einen langen Hals hat'.

An *χείλος* schliesst sich eine Sippe an, die vermuthlich Leute mit wulstigen Lippen (*labeones*) bezeichnet:

Χίλων [1]), in Sparta seit dem 6. Jahrh., Elis (Olympia 5 no. 12 7), *Χίλων Χίλωνος Πατρεύς* (Paus. 6. 4, s), unbekannter Provenienz (Alterth. v. Pergamon. 8. 1 no. 4 s); [*X*]*είλων Κηφισιεύς* (CIA 4 Suppl. 2 no. 14 c s; 4. Jahrh.); *Χίλεως ἀνὴρ Τεγεήτης* (Herod. 9. 9); *Χιλᾶς Μεταποντίνος* (Iambl. De vita Pythag. 189 s N.).

Χείλων verhält sich zu *Χίλων* wie ion. *χείλιοι* zu att. *χίλιοι*, wie *μείλιχος* zu *μίλιχος* (Kretschmer Vaseninschriften 133). *Χίλεως* denke ich mir als ionische Umformung von *Χίληρος*, *Χίληρος* vergleiche ich mit *τίληρος*, ion. *τέλεως* (Danielsson De voce *αἰτηός* 13 f.); die Ableitung mit *-σο-* wird auch durch *χελύνη* nahe gelegt.

Als Anhang hat hier noch eine Sippe Erwähnung zu finden, die nicht auf den Bau der Lippe sondern auf die Gestalt zielt, die diese im Affect oder vielleicht auch in Folge krankhafter Störung empfängt. Ich meine die Namen, die das Wort *μύλλον* enthalten:

Μύλλος Thasos (Hippokr. Epid. 1. 15, Ion. Inschr. no. 77 I 13), Thessalien (Smlg. no. 326 II 14). Hermion (Smlg. no. 3898 II 6) [2]); *Μυλλίας ὁ Ζωΐλου Βεροιαῖος* (Arr. Ind. 1. 18, 6); *Μυλλίας ὁ Κροτωνιάτης* (Iambl. De vita Pyth. 193 11 N.); *Μυλλίνας* Thessalien (Smlg. no. 326 I 9; 3. Jahrb.) [3]).

Zur Beurtheilung dieser Namensippe sind wir auf Grammatikernotizen angewiesen. Die ausführlichste steht bei Pollux (2. 90): *τὸ δὲ συνάγειν τὰ χείλη μοιμύλλειν ἡ κωμῳδία καὶ μοιμυλλᾶν φησί, τὸ δὲ διακινεῖν τὰ χείλη διαμυλλαίνειν· καὶ γὰρ τὰ χείλη μύλλα προσαγορεύουσιν.*

---

1) So geschrieben auf einer rothfigurigen Schale aus Attika (Klein Vasen mit Meistersign." 119 no. 7). Die Schreibung mit *ει* kenne ich aus einer einzigen Inschrift guter Zeit, der am Ende genannten attischen, wo Köhlers Ergänzung wol richtig ist.
2) Über den angeblichen Komiker *Μύλλος* sieh Wilamowitz Hermes 9. 338 f.
3) Ist ΜΥΛΛΕΝΑΣ *Θεσσαλός* (Blinkenberg Eretr. Gravskr. no. 169) richtig gelesen?

Der Besitz eines langen Halses wird angedeutet durch die Namen *Δεριας* Trozen (BCH 17. 94 no. 10 s. der Vater heisst *Στομάς*); *Τράχαλος Λακεδαιμόνιος* (BCH 20. 206 ss; 4. Jahrh.).

Auch wer den Schaden eines verwachsenen Rückgrates hat, braucht für den Spott nicht zu sorgen. Mindestens Ein Wortstamm kann hier mit Sicherheit eingereiht werden:
Γυρίδας unbekannter Herkunft (IGA no. 562; 5. Jahrh.), ein Spartaner Polyb. 4. 35, s;
Γύρων Χαλκιδεύς (IGS 1 no. 368 i; 3./2. Jahrh.; sein Sohn heisst *Μικάδης*).
Vgl. Hom. τ 246 *γυρὸς ἐν ὤμοισιν*.
Alle übrigen Stämme können mit gleichem Rechte auf krumme Beine gedeutet werden. Aber vielleicht ist es gestattet einen zweiten Spitznamen für den buckligen Mann durch Conjectur herzustellen:
Κύρτων Hermion (Smlg. no. 3398 1 s);
wenigstens weiss ich den überlieferten *Κρύτων* aus dem Griechischen nicht aufzuhellen, während dem, der das Glück gehabt hat Homer vor der Schulreform kennen zu lernen, bei dem Namen *Κύρτων* sofort die anmuthige Gestalt des Thersites vor Augen tritt, dem *ὤμω κυρτώ, ἐπὶ στῆθος συνοκωχότε* zu eigen waren. Man beachte *Εὐαγόρας ὁ Κυρτός* (Athen. p. 244 f.) und *κύρταν* selbst in der Grabschrift des Krates (Bergk⁴ 2. 369)
Στείχεις δὴ φίλε κύρταν,
βαίνεις τ' εἰς Ἀΐδαο δόμους κυφὸς διὰ γῆρας.

Die Besitzer eines dicken Bauches sind durch eine doppelte Namenreihe ausgezeichnet:
Γάστρων Athen (CIA 2 no. 836 ıs; 4. Jahrh.), Thessalien (*Σιμίουν Γαστρούνειος* Smlg. no. 326 II ıɾ), Naupaktos (IGS 3 no. 383 ıo);
Γάστρος Oiniadai (IGS 3 no. 517 ı; 2. Jahrh.).
Den ersten Namen können wir als Appellativum nachweisen: Aristoph. Frösche 200 *οὔκουν καθεδεῖ δῆτ' ἐνθαδί, γάστρων*; mit Hoffmann (Beitr. 22. 139) bin ich jetzt der Ansicht, dass *Γάστρων* mit *γάστρων* identisch und der zweistämmige Name *Γαστροδώρη* ganz ferne zu halten sei [1]).
Φύσκων Korinth (Smlg. no. 3119 d; 6. Jahrh.), Akrai (IGSI no. 225), *Θεσκιεύς* (CIA 2 no. 2986).
Nach Diog. Laert. 1. 4, s hat Alkaios den Tyrannen Phittakos *φύσκωνα καὶ γά-*

---

[1]) *Γάστρων* heisst übrigens bei dieser Anschauungsweise nicht 'Bäuchlein', wie Hoffmann übersetzt, sondern 'Dickbauch'; denn dieses bedeutet *γάστρων*.

στρωνα gescholten. Der siebente Ptolemäer führte die Beinamen Εὐεργέτης ὁ
Φύσκων (Polyb. 34. 14, ε).

Wer über stark entwickelte Hüften verfügt, heisst
Ὀσφύων Athen (Kratinos, Meineke 2. 152 fragm. 8).

Recht zahlreich sind die Namen, zu denen stark entwickelte Genitalien
die Veranlassung gegeben haben. Sie lassen sich in hohes Alterthum hinauf
verfolgen.
     Κρίθις dorische Hexapolis (IGA no. 482 h; 7. Jahrh.);
     Κρίθων Styra (Ion. Inschr. no. 19, 55; ⊗ zu ε verlesen; 5. Jahrh.),
     Eretria (Ἐφ. ἀρχ. 1895. 131 1ε), Aigion (Smlg. no. 1609),
     Tauromenion (IGSI no. 421 I ann. 63), Akrai (ebd. no. 208 ε);
     Κριθέας Argos (Smlg. no. 3278 b₄; nach Fourmont).
Die richtige[1]) Beurtheilung der Sippe geben die Verse Aristoph. Frieden 964 ff.
an die Hand:

    Ὁσοικίῳ εἰσὶ τῶν θεωμένων
    οὐκ ἔστιν οὐδεὶς ὅστις οὐ κριθὴν ἔχει.
  — Οὐχ αἱ γυναῖκές γ᾽ ἔλαβον. — ᾽Αλλ᾽ εἰς ἑσπέραν
  δώσουσιν αὐτοῖς ἄνδρες.

Eine zweite Sippe geht von *μύσχης· νεφρός* (so Bergk für *εύρος*), ὡς ᾽Αρχί-
λοχος (Hes.) und von *μύσχον* aus, wofür bei Hesych die Bedeutung τὸ ἀνδρεῖον
καὶ γυναικεῖον μόριον angegeben wird:
    Μύσχης Erythrai (CGC Ionia 138 no. 187; 2. Jahrh.);
    Μυσχίδης CIA 2 no. 4291 3;
    Μύσχων Athen (CIA 1 no. 434 14; 5. Jahrh.).
Bekannt ist die dritte Sippe:
    Σαθῖνος Theben (IGS 1 no. 3668; 5. Jahrh.);
    Σάθων Argos (Smlg. no. 3265 s; 5. Jhrh.), Orchomenos (IGS 1
    no. 3175 vi. m), Leukas (IGS 3 no. 534 s).
Vgl. Lysistrate 1119 ἢν μὴ διδῶσι τὴν χεῖρα, τῆς σάθης ἄγε. Der Komiker Tele-
kleides gebrauchte *σάθων* als ὑποκόρισμα παιδίων ἀρρένων (Meineke 2. 377, fragm.
22)[2]); vermutlich ist der Sinn der Form der gleiche wie der der Composita
ἀνδροσάθης, *ἀνδροσάθων*, die im Lex. Bachm. mit ἀνδρὸς αἰδοῖα ἔχων, μεγάλα
ἔχων αἰδοῖα glossiert werden.
Ein weiterer Name steht vereinzelt:
    Φλέβων Korinth (Smlg. no. 3119 d; 6. Jahrh.).
Φλέβων zu *φλέψ* γονίμη. Es ist nicht nöthig den Namen als Verkürzung des

---

1) Verkehrt aufgefasst OP² 177.
2) Also ganz wie Aristophanes das Wort πόσθων (Frieden 1300):
 Εἰπέ μοι, ὦ πόσθων, εἰς τὸν σαυτοῦ πατέρ᾽ ᾄδεις;

Satyrnamens *Φλίβ-ιπ(π)ος*[1]) zu fassen: es ist durch die Formen *Κρίθων*, *Μύσχων* *Σάθων*[2]), neben denen Vollnamen nicht existiert haben, als einsilbiger Spitzname ausreichend gesichert.

Nicht ganz zweifellos ist, ob die an *κέρκος* und *φαλλός* anklingenden Namen wirklich in die Reihe der bisher betrachteten gehören. Jedenfalls sind die Erklärungen, die GP² 161. 316. 272 von ihnen gegeben sind, durch die bisher beigebrachten Analogien stark erschüttert.
    Κέρκις Kalymna (Smlg. no. 3590₆₁; um 200 v. Chr.)³);
    Κερκίων Chios (Mitth. 13. 223), *Θεσσαλός* (CIA 3 no. 2490)⁴);
    Κέρκων (CIA 2 no. 3847).
Vgl. Aristoph. Thesmoph. 239
    τὴν κέρκον φυλάττου νυν ἄκραν.
Auf *φαλλός*, nicht auf *φαλακρός* und Genossen, geht vielleicht
    Φαλλίνος Kopai (IGS 1 no. 2781₃, 2787₁₅; 3. Jahrh.).

Es versteht sich von selbst, dass der Begriff des *μεγάλα αἰδοῖα ἔχειν* leicht in den des *λαγνεύειν* übergeht. Wie weit die Bedeutung der angeführten Namen diese Richtung eingeschlagen hat, ist nicht auszumachen.

Von den Spitznamen, die an abnorme Gestalt der Beine anknüpfen, beschäftigen sich die meisten mit der *στρεβλότης* der Gliedmaassen.
Zunächst eine Sippe:
    Κύλλος Halos (BCH 11. 364₁; 2./1. Jahrh.);
    Κυλλίας Argos (Smlg. no. 3278 *b*₁);
    Κύλλων Κύλλωνος Ἡλεῖος (BCH 7. 426; 2. Jahrh.).
Vgl. Aristoph. Vög. 1379
    τί δεῦρο πόδα σὺ κυλλὸν ἀνὰ κύκλον κυκλεῖς;
und das episches Compositum *κυλλοποδίων*.

---

[1] Heydemann Satyr- und Bakchennamen 26. *Φλίβ-ιππος* wie der Satyrname *Στύ-ιππος* auf der gleichen Schale; das Element *ἱππος* »hängt bedeutungslos über« WSchulze GGA 1896. 255.
[2] Wozu *Πόσθων* (Name eines Satyrknaben, Heydemann 13) kommt.
[3] *Κερκιδᾶς* (*Λοκρός*, Demosth. 18. 295) wird von Herodian (*Περὶ ὀρθογρ*., 2. 434 L.) unter die Perispomena gerechnet. Der Name muss daher mit *κερκίς* im Zusammenhange stehn. Darf man ihn als Verkürzung von *κερκιδοποιός*, also als einen der Spitznamen ansehen, die sich über ein Gewerbe lustig machen?
[4] Es liegt nahe hier auch den Namen *ΚΕΡΚΙΝΟΣ* einzuordnen, der für Byzanz (IGS 1 no. 2418₁₁; 4. Jahrh.), Herakleia Pont. (ebd. no. 2531₃), Apollonia Ill. (CGC Thessaly to Aetolia 57 no. 21) nachgewiesen ist. Aber auf der zweiten Inschrift ist, worauf mich Dittenberger aufmerksam macht, der Vocal der Mittelsilbe als Kürze gemessen. So kommt man auf die Vermuthung, dass in dem Namen eine Nebenform von *Καρινος* vorliege; Dittenberger weist darauf hin, dass der Name der am *κόλπος Καρκινίτης* erbauten Stadt als *Καρκινῖτις* und *Κερκινῖτις* überliefert ist.

Weiterhin die alleinstehenden

Μύσκελος Rhypes (Strabon p. 387; 8. Jahrh.), *Κραννούνιος* (Smlg. no. 345 13) [1]);
Ροῖκος Samos (Herod. 3. 60; 7. Jahrh.), Athen (CIA 2 no. 945 13);
Ραῖβος Styra (Ion. Inschr. no. 19, 18; 5. Jahrh.);
Γαῦσος Αἰτωλός (Dittenberger Syll. no. 184 1; 3. Jahrb.).
Μύσκελος empfängt Licht durch die Glosse *μύσκελος· ὁ στραβόπους* Cyrill. Dresd. (MSchmidt Hesych. 5. 38) [2]). Ein *ῥαιβός* ist nach Poll. 2. 192 der, dem *καμπύλα εἰς τὸ ἴνδον τὰ σκέλη* sind. Die Erklärung des vierten Namens liefert die Glosse *γαυσόν· σκαμβόν, στρεβλόν* (Hes.).

Ausser diesen Namen, deren Sinn nicht zweifelhaft sein kann, gibt es andre, von denen nicht gewis ist, ob sie gerade die Verkrümmung der Beine im Sinne haben, nicht etwa die Verkrümmung des Rückgrates treffen wollen. Ich habe sie bei der Behandlung der Buckligen zurückgestellt, um sie bei dieser Gelegenheit vorzuführen.

An erster Stelle ist eine alte, weit verbreitete Sippe zu nennen:
Χαβᾶς Tanagra (IGS 1 no. 585 III 1; 5. Jahrb.), Akraiphia (ebd. no. 2716 α 8);
Χάβης ὁ Φλιεύς (Aristoph. Wesp. 234), *Χάββεις* Thessalien (Smlg. no. 326 36 I 15);
Χάβων (IGS 1 no. 2647 4);
Χαβρίας, verbreitet in Athen seit dem 5. Jahrh.; Iasos (BCH 13. 23 1), *Σαλυβριανός* (Smlg. no. 3073), auf einem Henkel mit *ἀστυνόμος* (Becker Jahrb. f. Philol. 4. 465 no. 7).

Einigen Aufschluss über die Bedeutung der Reihe gibt die Glosse *χαβόν· καμπύλον. στενόν* (Hes.). Mit *χαβός* hat Fick lat. *hāmus* (aus *habmus*) verbunden (Beitr. 17. 322).

Ebenfalls alt, aber weniger verbreitet ist eine zweite Sippe:
Ἀγκουλος Kopai (IGS 1 no. 2788 10; 2. Jahrh.);
Ἀγκυλίων Anapho (IGI 2 no. 255; 7. Jahrh.), Athen (Aristoph. Wespen 1397).

Man kann diese Namen nach den Zusammensetzungen *ἀγκυλοχήλης, ἀγκυλόκωλος* beurtheilen.

Nur eine Vermuthung ist es, wenn ich hier noch den Namen
Καμπᾶς Tegea (Dittenberger Syll. no. 317 13)
einreihe, indem ich ihn als Verkürzung von *καμπύλος* betrachte.

Früher (23 f) ist die Möglichkeit nachgewiesen worden, dass Leute, die

---

[1] Der Rhypäer wird von Antiochos bei Strabon p. 262 als *ἐπόστροφος* und *βραχύτατος* beschrieben.

[2] Ich würde die Glosse nicht kennen ohne WSchulzes Hinweis (Hermes 27. 31). — Als Kürzung von *Μύσκελος* liesse sich der Name *Μύσκων* (Syrakus; Thuk. 8. 85, 3) deuten.

Καρκίνος heissen, darum so genannt seien, weil sie Augen haben wie der καρκίνος. Eine zweite Möglichkeit muss in diesem Zusammenhange erwähnt werden: das tertium comparationis kann in der Art des Ganges liegen. Aristophanes gebraucht Frieden 1083 das Sprichwort Οὔποτε ποιήσεις τὸν καρκίνον ὀρθὰ βαδίζειν. Dass dies »a cancri consuetudine retro eundi sumptum est«, wie Bauck De proverbiis 18 meint, wird durch die Thierfabel widerlegt, die dem Sprichworte zu Grunde liegt: Ἡ μήτηρ πρὸς τὸν καρκίνον· Τί δὴ λοξήν, ὦ παῖ, βαδίζεις ὁδόν, ὀρθὴν ἰέναι προσῆκον; κ.τ.λ. (Aesop no. 187 Halm). Auch in der Batrachomyomachie heissen die καρκίνοι bekanntlich λοξοβάται und βλαισοί (296 ff.). Es ist also klar, welchen Gang der Mann gehabt haben muss, den Aristonymos (Meineke 2. 698) einen καρκινοβήτης gescholten hat, aber auch klar, dass Leute, deren Beine, wie die des καρκίνος, εἰς τὸ πλάγιον κάμπτονται (Aristoteles Περὶ τὰ ζῷα ἱστορ. 4. 2), ganz dazu angethan gewesen sind den Spitznamen

Καρκίνος (23)

zu empfangen.

Neben dieser nicht verächtlichen Schaar von Krummbeinen gibt es meines Wissens nur einen einzigen Langhein. Als solchen betrachte ich *Σκιλίας* Athen (CIA 1 no. 422₃; 5. Jahrh.). Wir wissen aus Pollux, dass Kratinos einen mit starkem πώγων ausgestatteten Zeitgenossen πωγωνίας nannte (2. 10); von μετωπίας war schon die Rede (23); es sei auch an den Silennamen *Ὑσατίης* erinnert.

Von den Spitznamen, die sichtbare Abnormitäten des Körpers und seiner Theile treffen, sind noch zwei Gruppen übrig: die Namen, die über die Behaarung und über die Beschaffenheit der Haut eine Aussage enthalten.
Die Behaarung kann durch Quantität und Qualität Aufsehen erregen.
Grosse Fülle des Haares wird angedeutet durch den Namen
Τριχᾶς Delphi (Smlg. no. 1683₄; 5. Jahrb.), *Αἰτωλός* (Dittenberger Syll. no. 184₅).
Ähnlich haben die τριχίς und τριχίας genannten Fischarten ihre Benennung von der Menge der feinen Gräten erhalten, die sie durchziehen (ἀπὸ τριχῶν τριχίαι ἰχθύες καὶ τριχίδες Pollux 2. 24).
Auf starkes Kopfhaar zeigt die Sippe
Χαῖτος Melos (Ross Inscr. gr. ined. no. 238);
Γαιτίας[1]) Makedone (CIA 1 no. 42c₁₆; 5. Jahrh.);
Χαῖτις Styra (Ion. Inschr. no. 19, ₃₃₆; 5. Jahrh.);
Χαιτίδης Thasos (Thas. Inschr. no. 7 II₄; 5. Jahrh.);
Χαίτων Halikarnassos (Dittenberger Syll. no. 6b ω; 5. Jahrh.).

---

1) Nach Solmsen KZ 34. 560.

Ein Pferd auf einer schwarzfigurigen Vase aus Attika führt den Namen *Χαῖτος*, den Jeschonnek (De nominibus quae Graeci pecudibus domesticis indiderunt 48) richtig erklärt. Ebenso heisst ein Hahn auf einer schwarzfigurigen Hydria (Kretschmer Vaseninschr. 209¹). GP² 287 sind die einstämmigen Personennamen als Koseformen zu *Χήτιππος* (IGS 1 no. 2814₄; 2. Jahrh.) betrachtet. Dieser Auffassung wird durch das Dasein des Pferdenamens *Χαῖτος*, der unmöglich eine Kürzung von *Χαίτιππος* vorstellen kann, der Boden entzogen. Es handelt sich überall um Spitznamen, nicht um Kosenamen¹); in *Χαίτιππος* »hängt *ἵππος* bedeutungslos über«, wie in *Φλέβ-ιππος*, *Στύσ-ιππος* (33¹).

Starke Behaarung der Brust und der Gliedmaassen ist charakterisiert durch *Λάσιος* Katane (CGC Sicily 52 no. 72; 2. Jahrh.), Iasos (Le Bas-Waddington no. 259).

Der Name ist auch als Satyrname bekannt (Heydemann Satyr- und Bakchennamen 26)²).

Die starke Behaarung ist in andren Fällen durch eine Vergleichung ausgedrückt.

Diog. Laert. (6. 4, 1) erwähnt einen *Μένανδρος ὁ ἐπικαλούμενος Δρυμός*. Der Sinn der *ἐπίκλησις* wird durch Wendungen wie Lysistr. 800 *τὴν λόχμην πολλὴν φορεῖς*, Ekkl. 60 f. *πρῶτον μέν γ' ἔχω τὰς μασχάλας λόχμης δασυτέρας* nahe gelegt: der *δρυμός*, über den Menander verfügt, ist der üppige Haarwald, dessen er sich erfreuen darf. Nun ist das tertium comparationis errathen, das den *δρυμός* mit den Namen verbindet

Δρῦμος Argos ('Εφ. ἀρχ. 1885. 193 no. 94; »*ἐκ τῶν ἀλεξανδρινῶν χρόνων*«);
Δρύμεις (IGS 1 no. 1912; 5. Jahrh.);
Δρύμιος (IGS 1 no. 2743; 5. Jahrh.); vielleicht aus dem Ethnikon *Δρύμιος* (IGS 3 no. 226₁);
Δρύμων Καυλωνιάτης (Iambl. De vita Pyth. 193₁ N.).

Der Politiker Eukrates ist von Aristophanes *Μελιτεὺς Κάπρος* genannt worden (fragm. 193 Dind.). Die Erklärung der *ἐπίκλησις* ist bei Photios und bei Hesych erhalten. Sie läuft darauf hinaus, dass der Beiname auf die *δασύτης* des Eukrates ziele; denn er werde auch *Ἄρκτος* und *Σῦς* genannt, doch könne der Beiname *Σῦς* auch dadurch veranlasst sein, dass der Staatsmann *μυλῶνας ἐκίνητο ἐν οἷς σῦς ἔτρεφεν*. Wir können diese Angaben wenigstens in Einem Punkte controllieren: dass Eukrates *δασύς* war, wissen wir aus einem Fragmente des Kratinos (Meincke 2. 184 fragm. 27): *δασὺν ἔχων τὸν πρωκτὸν ἅτε κυρήβι' ἐσθίων*. Mag er nun auch darum zum Eber geworden sein, weil er Schweine

---

1) Hoffmann Beitr. 22. 138.
2) Der gleichwerthige Name *Δάσων* auf einer Amphora von Vulci regt, wenn er richtig gelesen ist (Kretschmer Vaseninschr. 64), die Frage an, wie weit die Personennamen *Δάσνος* (*Δάσνος* *Δασέα* BCH 19. 380 s), *Δάσων* auf die Behaarung bezogen werden müssen.

in seiner Stampfmühle hielt — den Beinamen Bär kann er darum nicht empfangen haben. Da seine δασύτης beglaubigt ist, die des Bären der Beglaubigung nicht erst bedarf (λασιαύχην Hymn. Hom. 7. 46), so scheint die Nachricht, dass der Politiker die Bezeichnung als Bär seiner dichten Behaarung verdanke, Zutrauen zu verdienen. So wage ich hier anzuschliessen den Namen *Άρκτῖνος* Homeride aus Milet, Iason (Anc. Gr. Inscr. no. 443a)[1]). Da die Möglichkeit besteht, dass die *ἐπίκλησις Κάπρος* ebenfalls in der δασύτης ihre Veranlassung habe, so muss auch der Name *Κάπρος Ήλεῖος* (Paus. 6. 15, 4; 3. Jahrh.), Koronta (IGS 3 no. 440₁) hier berücksichtigt werden. Er ist übrigens so vieldeutig, dass sein Sinn ohne weitere Andeutung, etwa durch den Namen des Vaters, nicht bestimmt werden kann[2]).

Aus einem unbekannten Komiker stammt der Trimeter (Meineke 4. 603 fragm. 11)

ὥσπερ σέλινον οὖλα τὰ σκέλη φορεῖν.

Zu ihm halte man den Anfang des AP 5 no. 121 überlieferten Epigramms

Μίκκη καὶ μελανεῦσα Φιλαίνιον, ἀλλὰ σελίνων
οὐλοτέρη καὶ μνοῦ χρῶτα τερεινοτέρη.

Man wird sich allerdings nur ungern entschliessen den männlichen Namen *Σέλινις Άκραγαντῖνος* (Smlg. no. 1340s) von *Σελίνικος* loszureissen. Aber dem Frauennamen *Σελινώι* (Korinth; Smlg. no. 3143, 6. Jahrh.) gegenüber fällt die Verbindung *σελίνων οὐλοτέρη* doch ins Gewicht[3]).

Von den Leuten mit üppigem Haare wenden wir uns zu denen, οἷς δοκέει δαΐδων σέλας ἔμμεναι κὰκ κεφαλῆς.

Mit der Kahlheit haben es drei Namen (mit Ableitungen) zu schaffen. Alle drei enthalten das Wort *φαλός· λευκός* (Hes.), dessen deutsche Verwandte von ESchröder (Haupts Ztschr. 35. 237 ff.) glänzend behandelt worden sind. Die beiden ersten sind componiert; doch ist die Composition vermuthlich nicht mehr empfunden, weshalb ich sie, aber ohne ihre Kürzungen, hier aufnehme.

Die grösste Verbreitung hat *φαλακρός* gewonnen. Als Name wird das Adjectivum in unveränderter und in erweiterter Form verwendet:

Φάλακρος Παιανιεύς (CIA 1 no. 321₃₁; 5. Jahrh.), Thasos (Thas.

---

1) In der *Άσπίς* (186) heisst ein Kentaur *Άρκτος*; man denke an die *φῆρας λαχνήεντας* B 743.
2) Auch der Personenname *Κριός* ist mehrdeutig. Er kann als Ehrenname gelten (vgl. *Κριὸς Πολυπείτου* auf Aigina und die Beschreibung des *κριός* Od. ι 447), aber auch tadelnden Sinn enthalten, da die Griechen das Sprichwort *Κριὸς τροφεῖ'· ἐπέτεισεν* besitzen. Vgl. Zenob. 4. 63 ἡ παροιμία ἐπὶ τῶν ἀχαρίστων, ἐπεὶ τὰς φάτνας κλήττουσιν οἱ κριοί . . . . . Μέμνηται αὐτῆς Μένανδρος.
3) Damen vom horizontalen Gewerbe können den Namen auch aus anderem Grunde führen: *σέλινον· τὸ γυναικεῖον* bei Hesych (WSchulze GGA 1896. 246).

Inschr. no. 6 IV ε), *Κραννούνιος* (Smlg. no. 345 ω), Korkyra (CGC Thessaly to Aetolia 150 no. 531 ff.), Apollonia Ill. (ebenda 57 no. 17), Malla (Mus. Ital. 3. 629 ι), Himera und Tauromenion (IGSI no. 313 ε, no. 421 I ann. 49); *Βάλακρος* in Makedonien seit dem 4. Jahrh.; *Φαλακρίων* Dyrrachion (CGC Thessaly to Aetolia 76 no. 157; 3. Jahrh.), Theben und Thespini (IGS 1 no. 2438 ιι, 1757 ε), Naupaktos (IGS 3 no. 366 ιο), Thyrreion (ebd. no. 492), *Λαμιεύς* (Smlg. no. 2234 ε)[1]), *Ἠπειρώτης ἀπὸ Θεσπρωτῶν* (Fouilles d'Épidaure 1 no. 238 ε; der Sohn heisst *Σίμακος*).
Beschränkter ist die Verwendung des zweiten Wortes, *φάλανθος*, als Nomen proprium:

Φάλανθος Führer der nach Tarent ausziehenden Colonie (7. Jahrb.), seit dem 5. Jahrh. in Attika häufig (Φ. *Ἀλωπεκῆθεν* CIA 1 no. 188 23), *Καλλιπολίτας* (Smlg. no. 2075 ε); [Φ]αλ[α]νθίδης Angehöriger der Kekropischen Phyle (CIA 2 no. 1007 I 25; 4. Jahrb.).

Das dritte Wort ist *φάλαρος*, das bei Hesych mit *φαλιός*, *φαλακρός*, *λευκομέτωπος* erklärt wird. Die Bedeutung *λευκομέτωπος* erhält in dem Selbstporträt, das der *φαλακρός* Aristophanes Frieden 771 ff. gezeichnet hat, eine deutliche Parallele: der *λευκομέτωπος* heisst darin *λαμπρὸν τὸ μέτωπον ἔχων*. Die ursprüngliche Bedeutung kommt noch bei Nikander zu Tage, der *ὅρη χιόνεσσι φάληρα* verbindet (Ther. 461), auch noch bei Theokrit, bei dem *ὁ κύων ὁ φάλαρος ὑλακτεῖ* (8. 27), und ein Widder den Namen *ὁ Φάλαρος* führt (5. 103 ι). Buttmann hat Hund und Widder als Thiere mit Blessen recognosciert (Lexil. 2. 248). Ersetzen wir den Begriff der Blesse durch den der Kahlheit, so werden wir wol den Sinn des Mannesnamens

Φάλαρος Tegea (Smlg. no. 1247 Rücks. ε; 4. Jahrh.)
errathen haben, obgleich die Quantität des mittleren α nicht ersichtlich ist.

Zu *φάλᾱρος* gehört als Femininum *φαλᾱρίς*, att. *φαληρίς*. Buttmann hat mit Recht die Vermuthung Schneiders acceptiert, dass der Vogel *φαληρίς* die Fulica atra sei, deren Gefieder schieferschwarze Färbung trägt, während der Schnabel, einschliesslich der Stirnplatte, blendend weiss ist. Wer nun als ein *φαλακρώτερος εὐδίας* (Sophron fragm. 123 Botzon) Strasse und Rednerbühne erleuchtet, den kann die geistreiche Bosheit seiner *κωμῆται* mit dem Blesshuhne vergleichen. Man darf daher vermuthen, dass

Φαλαρίουν Σαρδούνειος (Smlg. no. 326 I ε; 3. Jahrb.)
die *φαληρίς* zum Vorbilde genommen habe[2].

---

1) *Φαλάκριος* in Trozen (Smlg. no. 3362 17. ει , 4. Jahrb.) ist der Bildung nach eher Ethnikon.
2) Ob *Φάλαρις* in Thespiai und Stratos (IGS 1 no. 588 III ε, 3 no. 594 ι) selbst nach der *φαληρίς* genannt sind, kann nicht entschieden werden; der bekannte *Φάλαρις* aus Akragas ist sicher anders zu deuten.

Das Geschlecht der **Milchbärte** ist vertreten durch
Χνοάδας Gerenia (IGA no. 66; 5. Jahrh.).
Mit Hilfe der Beschreibung
τοῖος ἔην Διὸς υἱός, ἔτι χνοάοντας ἰούλους
ἀντέλλων, ἔτι φαιδρὸς ἐν ὄμμασιν
(Apoll. Rhod. 2. 43 f.) kann man den Namen leicht verstehn.

Der Milchbart bringt uns in das Gebiet der Namen hinüber, die auf die **Qualität** des Haares gemünzt sind. Sie berücksichtigen die Stärke und die Farbe.

Raubes, emporstarrendes Haar hat seinen Besitzern den Namen
Φρίξος, ἀνὴρ Σπαρτιάτης (Plut. Agesil. 32), Smyrna (CGC Ionia
247 no. 118), Iasos (*Φρίξος Σατύρου* Le Bas - Waddington
no. 285)
eingetragen.

Auch eine Reihe hübscher vergleichender Namen sucht ihnen gerecht zu werden. So zunächst
Σχύρος, Hermion (Smlg. no. 3398 II 1);
Ἄκανθος Λακεδαιμόνιος (Thuk. 5. 19, 1).
Der Name *Σχύρος* ist aus *σχύρ* weitergebildet, *σχύρ* wird mit *ἴχῖνος* glossiert (Hes.), die Vergleichung von *σχύρ* mit sskr. *churati* (ritzt ein) liegt nahe[1]). Aristoteles betrachtet die Stacheln des Igels als *ἀκανθώδεις τρίχας* (*Περὶ τὰ ζῶια ἱστορ.* 1. 6), Matron feiert den Seeigel als *καρηκομόωντα ἀκάνθαις* (Athen. p. 135a). So scheinen sich die Namen *Σχύρος* und *Ἄκανθος* zu einer Gruppe zusammenzuschliessen, die zur Charakterisierung von Leuten dient, deren Haar wie die Stacheln des Igels und der Distel in die Höhe starrt[2]).

Aber die Reihe ist vielleicht noch umfangreicher. Die Namen
Κόρυδος Styra (Ion. Inschr. no. 19,644; 5. Jahrh.);
Κορύδαλλος Ἀντικυρεύς (Herod. 7. 214);
Κόρυνθος Melos (IGA no. 418; 6. Jahrh.);
Κορινθίων Styra (Ion. Inschr. no. 19,718)
sind Vögeln entliehen, die durch eine Kuppe ausgezeichnet sind. Der *κορυδός* begräbt seinen Vater zu Schopfheim, in seinem eignen Schopfe (Aristoph. Vög. 475f.). PseudoAristoteles unterscheidet zwei *γένη κορυδάλλων*: ἡ μὲν ἑτέρα ἐπίγειος καὶ λόφον ἔχουσα, ἡ δ' ἑτέρα .... λόφον οὐκ ἔχει (*Περὶ τὰ ζῶια ἱστορ.* 9. 25). Den Vogel *κόρυθος* kennen wir nur aus Hesych, wo er als ein *τροχίλος* definiert wird; indes lehrt der etymologische Zusammenhang, in dem sein Name mit *κόρυς* steht, dass eine avis cristata oder galerita (Lobeck Pathol. proleg. 367) mit ihm

---

1) Die Zusammenstellung ist, wie ich aus Curtius Grundzüge[2] 200 ersehe, schon von Pictet vorgenommen.

2) Die Vergleichung mit dem Igel kann auch nach der ethischen Seite gewendet werden: ὅπως ἐχῖνος τραχύς lautet ein Sprichwort, das nach Diogen. 2. 87 ἐπὶ τῶν δυσκόλων καὶ δυστρόπων gebraucht wird.

gemeint sein muss. Das Haar des Menschen wird demnach mit der Kuppe der Vögel verglichen; diese Gleichsetzung aber ist nur möglich, wenn das Haar einen ähnlichen λόφος bildet, wie der Federbusch. Aus den Vögeln des Aristophanes (1295) erfahren wir, dass der Tragiker Philokles den Spitznamen Κόρυδος geführt hat. In den Thesmophoriazusen aber heisst es (168)
    ταὖτ᾽ ἄρ᾽ ὁ Φιλοκλέης αἰσχρὸς ὢν αἰσχρῶς ποιεῖ.
Hat also die Hässlichkeit des Poeten darin bestanden, dass sein Haar an den Kopfschmuck der Haubenlerche erinnerte? Dies wäre dann auch wol die Veranlassung gewesen, die den Κορυδεύς in das Sprichwort gebracht hat (Κορυδέως εἰδεχθέστερος Zenob. 4. 59).

Der Sinn, den wir den Namen Κόρυδος und Genossen beilegen zu müssen glaubten, wohnt ganz unzweifelhaft dem Namen
    Κόρθυς Lato (Mus. Ital. 3. 648 no. 61₂)
inne. Homer sagt: κῦμα κελαινὸν κορθύεται (Ι 7), Hesiod: Ζεὺς .... κόρθυνεν ἰὸν μένος (Theog. 853), Hesych weiss von einem Vogel κορθίλος, der sicher ein Kuppenträger ist.

Dass auch die Farbe des Haares Ausgangspunkt von Spitznamen hat werden können, lehrt die bekannte Thatsache der epischen Namengebung, dass dem Neoptolemos, dem Sohne des Achilleus, aus dem Beinamen Πύρρος ein zweiter Rufname Πύρρος erwachsen ist¹). Wie weit dieser Vorgang in historischer Zeit Wiederholung gefunden hat, lässt sich nicht entscheiden, da Namen wie Αἴθοψ, Μέλας, Ξάνθος, Πύρρος ebenso gut aus Vollnamen wie aus einstämmigen Beinamen haben hervorgehn, Αἴθοψ, Μέλας und Πύρρος ausserdem von der Hautfarbe haben gebraucht werden können. Ich kenne nur Einen Namen, der allen Anforderungen Genüge leistet: der keinen Vollnamen neben sich hat, aus dem er gekürzt sein könnte, und nicht doppeldeutig ist, da das Farbwort, das er enthält, nur von der Farbe des Haares gebraucht wird. Dies ist
    Ξουθίας Δαμοτίμου Πλυγονεύς (Smlg. no. 2045₂; 2. Jahrh.)²).
Ein paar vergleichende Namen, zu denen vielleicht die Haarfarbe Anlass gegeben hat, kommen im nächsten Abschnitte zur Sprache.

Die Haut wird ebenfalls nach zwei Seiten dem kritischen Blicke unterzogen: nach Farbe und Reinheit.

---

1) Servius Comm. ad Verg. Aen. 2. 263 *Neoptolemus ... Pyrrhus a capillorum qualitate vocitatus est*.

2) Der Ξουθίας der bekannten, zuletzt von Meister (Leipziger Sitzungsber. 1896. 268 ff.) herausgegebenen Depositionsurkunde IGA no. 68 darf hier nicht mitsprechen. Sein Vater heisst Φιλάχαιος, Sprache und Schrift der Bronze vertragen sich mit der Annahme achäischer Herkunft des Denkmals (Fick Beitr. 5. 324 f.); man muss daher Ficks Urtheile zustimmen, dass Ξουθίας nach dem Vater des Ἀχαιός genannt sei.

Sehen wir von Λεῦκος und Genossen ab, so bleiben zwei Wortsippen übrig, die eine Aussage über die **Hautfarbe** enthalten.
Die Phokäerin Aspasia war nach Aelian Var. hist. 12. 1 τὴν κόμην ξανθὴ καὶ οὔλη τὰς τρίχας ἠρέμα, ὀφθαλμοὺς δὲ εἶχε μεγίστους, ὀλίγον δὲ ἦν καὶ ἐπίγρυπος, τὰ δὲ ὦτα εἶχε βραχύτατα. Ἦν δὲ αὐτῆι καὶ δέρμα ἁπαλόν· ἐῴκει δὲ ἡ χρόα ἡ κατὰ τοῦ προσώπου ῥόδοις. Διὰ ταῦτά τοι οἱ Φωκαεῖς ἔτι παιδίον οὖσαν ἐκάλουν Μιλτώ. Nach dieser Erzählung haben wir das Recht die Namen, die auf dem Worte *μίλτος* aufgebaut sind, für alte Beinamen zu erklären, die zur Geltung von bürgerlichen Namen aufgerückt sind. Dahin gehören:

Μιλτεύς Epidauros (Fouilles d' Epidaure 1 no. 249; 5. Jahrh.)[1]);
Μιλτίας Thessalien (Smlg. no. 326 I 46; 3. Jahrh.)[2]), Orchomenos (IGS 1 no. 3182 11);
Μιλτιάδης in Athen seit dem 6. Jahrh., Keos (CIA 4 Suppl. 2 no. 57 b 17), Chios (auch CGC Ionia 338 no. 95); Μιλτιάδας Tegea (Smlg. no. 1246 I 16);
Μίντων[3]) Argos (Smlg. no. 3260 9; 5. Jahrh.).

Die Griechen (vgl. Athenaios p. 32 c) unterscheiden drei Arten von Weinen nach der Farbe: τῶν οἴνων ὁ μὲν λευκός, ὁ δὲ κιρρός, ὁ δὲ μέλας. Das Farbwort κιρρός finde ich auch in dem Namen
Κιρρία[ς] oder Κιρριά[δης] Ἀγκυλῆθεν (CIA 4 Suppl. 2 no. 995 b 13; 4. Jahrh.).
Einen Hundenamen Κίρρα gebraucht Arrian (Kyneget. 18), vgl. Jeschonnek 20.

Die Komödie liefert eine Anzahl Vergleichungen, die uns das Recht geben auch in diesen Abschnitt einige vergleichende Namen zu ziehen.
Ein Parasit, mit dem sich die mittlere Komödie gerne beschäftigt, heisst Τιθύμαλλος (Athen. p. 240 c—f). Dromon (Meineke 3. 541) weiss von ihm zu erzählen, dass er ἐρυθρότερος κόκκου[4]) sei. Also ἐρυθρότερος κόκκου — folglich dürfen wir auf die rothe Gesichtsfarbe deuten die Namen
Κόκκος, ῥήτωρ, Ἀθηναῖος, μαθητὴς Ἰσοκράτους (Suid.);
Κοκκίων Διοπείθους χρηστός (CIG 2 no. 2322 b[16] Add.).

---

1) Die Inschrift lautet: ΑΣΚΛΑΠΙΟΙ ΤΟΙ ΦΙΛΟΜΕΛΟ ΤΟ ΜΙΛΤΕΟΣ. Man könnte ihr auch die Namenform Μίλτης entnehmen. Man beachte, dass wir aus Epidauros Μιλτιάς als Name einer Phratrie kennen: Νικοφάνης Μιλτιάδος Ἐφ. ἀρχ. 1892. 71 49.
2) Plut. Dion 22 wird ein Μίλτας Θέσσαλος erwähnt. Vermuthlich ist Μίλτας Schreibfehler für Μιλτίας.
3) Diese Erklärung wird Prellwitz verdankt.
4) Bei diesem Vergleiche denkt man zunächst an den κόκκος κρίνου. Da jedoch der Verglichne Τιθύμαλλος heisst, da ferner aus Theophr. Περὶ φυτ. ἱστορ. 9. 11,7 ersichtlich ist, dass κόκκος auch Bezeichnung des τιθύμαλλος παράλιος gewesen ist, von diesem aber Plinius (NH 26. 41) berichtet, er sei *ramis rubentibus* ausgezeichnet: so scheint mir geboten unter dem κόκκος, mit dem Τιθύμαλλος verglichen wird, die erwähnte Species der Wolfsmilch zu verstehn. So wird auch der Sinn des Namens Τιθύμαλλος selbst erkennbar.

Eupolis hat einen gewissen Hipponikos, der eine rothe Gesichtsfarbe besass, Ἱερεὺς Διονύσου und Αἰγίπυρος genannt (Meineke 2. 433 fr. 19). Hier findet seine Rechtfertigung der Name Αἰγίπυρος (von Keil bei PB angeführt; mir nicht bekannt). Den nämlichen Hipponikos hat Kratinos mit einem Skythen verglichen: Κρατῖνος Σκυθικὸν ἔφη τὸν Ἱππόνικον, διὰ τὸ πυρρὸν εἶναι (Hes. unter Σκυθικός, Meineke 2. 199 fragm. 65). Die Vergleichung wird vollends verständlich, wenn man sich von Hippokrates sagen lässt, dass· πυρρὸν τὸ γένος ἐστὶ τὸ Σκυθικὸν διὰ ψύχος (Περὶ ἀέρων 20). Und man sieht, dass die Namensippe Σκύθης Zankle (Herod. 6. 23; 6. Jahrh.), Sparta (Xenoph. Hell. 3. 4, 10), Athen (Demosth. 45. 8) und sonst; Σκύθων Samos (Dittenberger Syll. no. 131 ɪ; 4. Jahrh.). attische Execrationstafel (CIA 2 App. no. 42 ʙ); Σκύθινος Teos (6. Jahrh.), Aiginn (Smlg. no. 3418 a) nicht nothwendig auf fremden Ursprung der Benannten hinzuweisen braucht sondern auch eine Vergleichung aussprechen kann.

Der nicht näher bestimmte Vogel πυραλίς hat seinen Namen von der brandrothen Farbe. Nach ihm ist vielleicht[1]) genannt
Πυρφαλίων Argos (Papers of the Amer. School 6. 263 ₄; 5. Jahrh.),
Πυραλίων (Alterth. v. Pergam. 8. 1 no. 4 ɢ).
Das Adjectivum πυρσός ist als Pferdename aus einem korinthischen Thontäfelchen (Smlg. no. 3119 b) bekannt. Es ist wol überflüssig zu bemerken, dass der Name Πυρφαλίων auch den Rothhaarigen signalisieren könnte.

Schwarze Pferde und Hunde erhalten bei den Griechen den Namen Κόραξ (Jeschonnek De nominibus quae Graeci pecud. domest. indid. 37. 20, Kretschmer Vaseninschr. 100). Leute, die einen der früher (28) besprochnen Namen
Κόραξ, Κολοιός, Κόρωνος
tragen, könnten damit als μελάγχρωτες ausgezeichnet worden sein. Freilich auch als μελαγχαῖται.

Bleiches, lederfarbnes Aussehn regte zur Parallelisierung mit dem Holze des Buchsbaumes, mit dem Safte der Thapsoswurzel, mit der Haut der Garnele und Languste an. Chairephon heisst bei Eupolis πύξινος (Meineke 2. 516 fragm. 22), bei Aristophanes gleicht er γυναικὶ θαψίνηι, Ἰνοῖ κρεμαμένηι πρὸς ποδῶν Εὐριπίδου (Wespen 1413 f.)[2]). Ein Unbekannter wird bei Eupolis geschildert

---

1) Die Einschränkung wegen des Namens Πέρφαλος (IGS 1 no. 2323), der als Πόρφαλος gedeutet werden und zu Πόρφος neben könnte wie Σίμαλος zu Σίμος. Im Frauennamen Πυραλλίς (IGS 1 no. 3454) die gleiche Verdoppelung des λ wie in Πεταλλὶς Πεταλίδια (Smlg. no. 355). Von Πύρρος geht Πύρραλος (IGS 1 no. 1873 ɪ) aus; hierzu verhalten sich [Π]υρραλίος (CIA 2 no. 977 ᴜ ʙ) und [Π]υρραλίων (IGS 1 no. 2480 ɪ) wie γλαυρός, γλαυρίων zu γλαυρός.
2) Den Beinamen Νυκτερίς, den er Vögel 1296. 1564 bekommt, lassen die Scholien zu Wol-

als ἔχων τὸ πρόσωπον καρίδος μασθλητίνης (Meineke 2. 470 fragm. 21). Zu dieser Stelle hat Raspe auf Luk. 'Εταιρ. διάλ. 14. 4 verwiesen: Ἀλλὰ ἐκεῖνο οὐ λέγεις, οἴω ὄντι συγκαθεύδεις αὐτῶι· ἔτη μὲν ὑπὲρ τὰ πεντήκοντα πάντως, ἀναφαλαντίας καὶ τὴν χρόαν οἷος κάραβος. Damit rückt der Name
Κάραβος (23)
in neue Beleuchtung.

Bei Plutarch wird berichtet, die Hetäre Φρύνη habe mit ihrem bürgerlichen Namen Μνησαρέτη geheissen, den Spitznamen Φρύνη wegen ihrer ώχρότης empfangen (Περὶ τοῦ μὴ χρᾶν ἔμμετρα νῦν τὴν Πυθίαν 14; die Stelle ist auch wegen andrer ἐπικλήσεις lesenswerth). Der erste Theil dieser Nachricht klingt wie ein böser Witz; den zweiten halte ich für richtig. Durch Herodot (9. 16) kennen wir den Thebaner Ἀτταγίνος ὁ Φρύνωνος. Da sich wahrscheinlich machen lässt, dass der erste Name auf die Hautfarbe geht, so ist die Möglichkeit gegeben, dass es auch der zweite thue. Auf der bekannten Inschrift von Larisa, die durch Philipp V. von Makedonien angeregt ist, erscheinen hinter einander ein Ἀριστοφάνεις Κορούνειος und ein Φρῦνος Ἀριστοφάνειος (Smlg. no. 345 57. 58), also ein Grossvater Κόρωνος und ein Enkel Φρῦνος. Ist der Grossvater nach der Rabenkrähe oder nach der Saatkrähe genannt, so steht der Enkel zu ihm im Gegensatze; hat seine Farbe aber mit dem Kleide der Nebelkrähe verglichen werden sollen, so artet ihm sein Enkel Φρῦνος nach. Ich stehe darum nicht an der Notiz des Plutarch Zutrauen zu schenken, lasse daher die zahlreichen Namensvettern der Phryne hier Revue passieren.

Φρῦνος Athen (Künstler auf einer schwarzfig. Kylix des Brit. Mus. Catal. 2. 223, CIA 1 no. 433 I 41), Lokr. Epizeph. (IGSI no. 632), Thespiai (IGS 1 no. 1888 a 4), Κραννούνιος (Smlg. no. 345 58), Delphi (Smlg. no. 1799 12);
Φρυνᾶς folgt aus Φρυναῖος Athen (CIA 2 no. 804 f 58; 4. Jahrh.);
Φρυνείδας Messana (IGSI no. 401 4);
Φρῦνις Mytilene (Aristoph. Wolk. 971), Tauromenion (IGSI no. 421 I ann. 70 und sonst);
Φρυνίδας Tanagra (IGS 1 no. 669; 5. Jahrh.);
Φρυνίτας Δεινοκλίους ἐξ Σιδοῦντος (Mitth. 8. 19 26; 2. Jahrh.);
Φρυνίσκος ὁ Ἀχαιός (Xenoph. Anab. 7. 2, 1), Σφήττιος (CIA 2 no. 1047 4), Theben (IGS 1 no. 2446 12), Thessalien (Smlg. no. 326 III 24);
Φρύνιχος häufig in Athen seit dem 6. Jahrh.; Akraiphia (IGS 1 no. 2716 a 17), Oropos (ebenda no. 266), Φ. Ὀρτυγίωνος Ere-

---

ken 504 in seiner ἰσχνότης, zu Vögel 1564 darin begründet sein, dass ὅτι νυκτερὶς ἡμέρας ὄντι οἱ φιλόσοφοι φαίνονται. Ohne Zweifel hat die zweite Erklärung Recht. Sie stimmt vorzüglich zu der Nachricht, dass Aristophanes den Chairephon auch Νυκτὸς παῖδα titulierte (fragm. 486 a Diud.), und zu der Charakteristik des Πυθαγοριστής bei Aristophon: καθιδεῖν μηδὲ μικρὸν νυστερίς (Meineke 3. 361 v).

tria ('*Εφ. άρχ*. 1895. 143 ##), Alyzeia (IGS 3 no. 462), Tarent (Iambl. De vita Phyth. 190, N.);
Φρυνιχίδης Thasos (Thas. Inschr. no. 7 1₄; 5. Jahrh.);
Φρυνίων Styra (Ion. Inschr. no. 19, ###; 5. Jahrh.), häufig in Athen (*Φρυνίων Φρυνίωνος Μυρρινούσιος* CIA 2 no. 2357), Dyrrachion (CGC Thessaly 10 Aetolia 74 no. 136), *έν Σάμαι* (BCH 7. 192 II ₁₄);
Φρύνων in Athen seit dem 7. Jahrh. (Strabon p. 599), Θηβαίος (Herod. 9. 16), Stratos (IGS 3 no. 446 ₁₁), *Λεοντίνος* (Paus. 5. 22, ₁);
Φρυνώνδας Γυρτώνιος (BCH 20. 202 ₁₃); die Heimath des schon von Eupolis verfolgten μιαρός ist nicht bekannt.

Häufiger Wechsel der Gesichtsfarbe kann verspottet sein in *Χαμαιλέων* Herakl. Pont. (4. Jahrh.), freilich auch Wandelbarkeit der Gesinnung.

Endlich Unreinheit der Haut.
Durchsichtig ist der Name
Φαπάς Κραννούνιος (Smlg. no. 345 ₁₃; 3. Jahrh.), auch in der rhodischen Sage, die Polyzelos Athen. p. 361 c mittheilt.
Er ist auf *φαπός* 'linsenartiger Fleck' aufgebaut; *ἀκροχορδόνες καὶ μελάσματα καὶ φακοί* verbindet Plutarch (*Περὶ τῶν βραδέως τιμωρ*. p. 563a).
Ferner glaube ich
ΦΟΙSΙΑS (IGS 1 no. 2898; bei Koroneia vermauert) verstehn zu können. Ich erkenne mit Fick in ΦΟΙSΙ den Dat. Pl. *φακίσι*, in Φωισίας einen Mann, der *φωισὶν ἐστιγμένος* ist; vgl. *πολυτρήτοις φωισί* bei Kratinos (Miller Mélanges 305, Kock 1. 78 fragm. 213) und Aristoph. fragm. 124 Dind.
†*Πάρεσο κατέτριψεν ἱμάτια. — Κἄπειτα πῶς φωῖδας τοσαύτας εἶχε τὸν χειμῶν' ὅλον;*
Zu *φωισί* verhält sich *Φωισίας* wie *Χερσίας* zu *χερσί*, wie *Τειρεσίας* zu *τείρεσι*; doch macht die Beziehung von *Χερσίας* zu den mit *Χερσι-* beginnenden Vollnamen wahrscheinlich, dass auch *Φωισίας* einen zweistämmigen Namen zur Voraussetzung habe[1]).

Zweifelhafter ist der Ursprung von
Κέγχραμος Bildhauer in Athen (CIA 2 no. 1435; 4. Jahrh.).
Zusammenhang mit *κεγχραμίς* ist klar. Nach Galen (7. 722 f. K.) ist *κεγχρίας ἔρπης* ein Ausschlag, der *κέγχροις ὁμοίας ἐξοχὰς κατὰ τὸ δέρμα ποιεῖ*. Eine Schlange, die als *κερίστικτος φολίδεσσι* beschrieben wird, heisst *κεγχρίνης* (Nik. Ther. 463 f.). Ist also mit *Κέγχραμος* ein Mann gemeint, der *κεγχραμιδώδη ἐξανθήματα* auf der Haut trügt?

---

[1]) Auf den Namen Φοιλονίδας, der an ΦΟΙϹΙΑϹ anklingt, gebe ich nicht ein, weil den Stein (IGS 1 no. 1954), der ihn tragen soll, seit Pittakis Niemand gesehen hat.

Ein vergleichender Name, der sicher auf den Teint Rücksicht nimmt, ist *Ἀτταγῖνος ὁ Φρύνωνος ἀνὴρ Θηβαῖος* (Herod. 9. 16), *Ἀτταχῖνος* Makedone (CIA 1 no. 42 d 5)[1]). Vom ἀτταγᾶς, der sich leider nicht bestimmen läset, berichtet Alexandros von Myndos bei Athenaios (p. 387 f): μικρῷ μὲν μείζων ἐστὶ πέρδικος, ὅλος δὲ κατάγραφος τὰ περὶ τὸν νῶτον, κεραμεοῦς τὴν χρόαν, ὑποπυρρίζων μᾶλλον. Verbindet man diese Beschreibung mit den Versen Aristoph. Vög. 760 f.

εἰ δὲ τυγχάνει τις ὑμῶν δραπέτης ἐστιγμένος,
ἀτταγᾶς οὗτος παρ' ἡμῖν ποικίλος κεκλήσεται[1]),

so sieht man, dass den Griechen an dem Vogel die bunte Färbung des Gefieders aufgefallen ist, die Veranlassung also einen Menschen mit ihm zu vergleichen seine mit Flecken übersäte Haut gegeben haben muss. Zu einem Vater mit blassem Teint (*Φρύνων*) passt ein Sohn mit Sommersprossen sehr gut.

Ein andrer Name dieser Art dagegen muss gestrichen werden.

Suidas führt unter den Ahnen des Hippokrates von Kos einen *Ἔλαφος* auf: *Ἱπποκράτης Κῷος, ἰατρός, Ἡρακλείδου υἱός, ... ἀπόγονος δὲ Χρύσου τοὔνομα καὶ Ἐλάφου τοῦ ἐκείνου παιδός, ἰατρῶν καὶ αὐτῶν*. Da wir aus Lysias einen Spitznamen *Ἐλαφόστικτος* kennen (Θεόκριτον τὸν τοῦ Ἐλαφοστίκτου καλούμενον 13. 19), dessen Sinn sich aus der Verbindung στικτὸν κεράστην ἔλαφον (Soph. El. 568) leicht feststellen lässt, so scheint es erlaubt den Namen
Ἔλαφος
als Aequivalent von *Ἐλαφόστικτος* zu fassen. Aber die Nachricht des Suidas beruht auf einem Misverständnisse, zu dem eine Stelle des *Πρεσβευτικὸς Θεσσαλοῦ Ἱπποκράτους υἱοῦ* (Hippokrates 9. 404 Littré) den unschuldigen Anlass gegeben hat. Thessalos erzählt, wie während des Krieges der Amphiktionen gegen die Krisäer Krankheit im Heere der Belagrer ausgebrochen sei und diese den delphischen Gott um Rath gefragt haben. Der Gott habe ihnen Erfolg in Aussicht gestellt, ἢν ἐς Κῶ ἐλθόντες ἐλάφου παῖδα ἐς ἐπικουρίην ἀγάγωνται ξὺν χρυσῷ, σπεύσαντες ὡς μὴ πρότερον οἱ Κρισαῖοι ἐν τῶι ἀδύτωι τὸν τρίποδα συλήσωσιν. Darauf seien ihre Gesandten nach Kos gefahren; aber kein Koer habe das Orakel zu deuten gewusst, bis ein Asklepiade, der berühmteste der damaligen Ärzte, *Νέβρος* mit Namen, die Entdeckung gemacht habe, dass sich der Spruch auf ihn und seinen Sohn beziehe, εἴπερ ὁ θεὸς οὕτω παρῄνεσιν ὑμῖν ἐλθόντας ἐς Κῶ ἐλάφου παῖδα ἐς ἐπικουρίην ἀγαγεῖν. Κῶς μὲν γὰρ αὕτη, τὰ δὲ ἐλάφων ἔκγονα νεβροὶ καλέονται, Νέβρος δέ μοι οὔνομα, ἐπικουρίη δ' ἂν ἄλλη τίς προτέρη γένοιτο στρατοπέδωι νοσέοντι ἰητροῦ; Καὶ μὴν τό γε[2]) εὐθὺ ἐχόμενον οὐ δοκέω ὅτι τοὺς τοσοῦτον Ἑλλήνων ὄλβωι ὑπερέχοντας ἐς Κῶ προελθόντας ἔταξεν ὁ θεὸς νόμισμα χρυσοῦν αἰτεῖν. Ἀλλὰ τοῦτο τὸ θέσφατον ἐς τὴν ἐμὴν οἰκίην ἔρχεται· Χρύσος γάρ μοι κέκληται ἀρρένων παίδων ὁ νεώτατος. Im Stammbaume des Hippokrates erscheinen die Namen des *Χρῦσος* und des *Ἔλαφος* nur bei Suidas; es scheint mir zweifellos, dass sie aus dem *Πρεσβευτικός* entnommen sind. Der Excerptor hat den

---

1) Nach Solmsen KZ 34. 560. — 2) τό γε[a] überl. τότε.

ἐλάφου παῖς in der Flüchtigkeit zum 'Ελάφου παῖς gemacht und hat seinem "Ελαφος einen Vater Χρύσος zugeschrieben, weil der Sohn des von ihm zum Sohne des Elaphos gestempelten Νέβρος den Namen Χρύσος führte. Bisher also ist der Name "Ελαφος nicht gesichert [1]).

II. Sprache und Geräusche.

Das Mitglied einer Verkehrsgenossenschaft kann auch durch die Art und Weise auffallen, wie es sich bei seiner Umgebung zu Gehöre bringt. Stärke und Lage seiner Stimme kann Befremden erregen, Fehler seiner Sprachwerkzeuge können sich vernehmbar machen, endlich kann es durch unarticulierte Laute Spott und Tadel herausfordern.

Dröhnende Stimme macht sich in vier nicht misszuverstehenden Namen vernehmbar.

> Κάναχος Sikyon (vgl. Löwy Inschr. griech. Bildhauer no. 158; seit dem 5. Jahrh.);
> Βρύχων Πλαταιεύς (Smlg. no. 1636 s; 3./2. Jahrh.);
> 'Ρόθος Σελεύκου 'Αντιοχεύς (CIA 2 no. 2816), Sklave in Delphi (Smlg. no. 1733 s; 2. Jahrh.);
> Βρόντος Thasos (Mitth. 13. 260 10; spät) [7]).

Auf einen Mann mit dumpfer Stimme ist gemünzt der Name
> Βομβύλος 'Αμφάνιος (IGS 3 no. 227 4; 2. Jahrh.).

Wer denkt bei ihm nicht an die Erfahrung, die Sokrates mit der Stimme des Prodikos gemacht haben will: διὰ τὴν βαρύτητα τῆς φωνῆς βόμβος τις ἐν τῶι οἰκήματι γιγνόμενος ἀσαφῆ ἐποίει τὰ λεγόμενα (Plat. Protag. p. 316 a)?

Wir gelangen zu den Leuten mit Sprachfehlern.
Verständlich ist
> Βάτταρος, Name des Kupplers bei Herondas, durch τραυλισμός zu Βάτταλος (vgl. 4) entstellt.

Schwieriger ist es über die Bedeutung von
> Ψακάς und
> Ψίαξ,

die schon früher belegt sind (12), ins Klare zu kommen. Da wir zur Auf-

---

1) Die Namen Νέβρος, Νεβρίδας, Νεβρίσκος bezeichnen den, der das Bacchantenkleid trägt oder tragen soll. Sie gehören in den gleichen Kreis wie Κίσσος und Θύρσος und dürfen nicht als Spitznamen gefasst werden.
2) Wegen Βροντίνος sieh Nauck zu Iambl. De vita Pythag. 96⁸. — Über den Makedonen Βροπτρός spricht Solmsen Idg. Forsch. 7. 47¹.

hellung von Ψίαξ kein andres Material haben als die Glosse ψίακα· ψακάδα, so hängt das Urtheil über Ψίαξ ganz an dem über Ψακάς.

Zu den Versen des Aristophanes Acharn. 1150 ff.

*Ἀντίμαχον τὸν Ψακάδος, τὸν ξυγγραφῆ, τὸν μελέων ποιητήν,
ὡς μὲν ἁπλῶι λόγωι κακῶς ἐξολέσειεν ὁ Ζεύς·
ὅς γ' ἐμὲ τὸν τλήμονα Λήναια χορηγῶν ἀπέλυσ' ἄδειπνον*

bemerken die Scholien, Antimachos heisse Sohn des Ψακάς nach der einen Version διὰ τὸ συνεχὲς πτύειν (ἐπειδὴ προσέρραινε τοὺς συνομιλοῦντας διαλεγόμενος. Ἦν δέ τις καὶ Ὀλυμπικὸς καλούμενος Ψακάς διὰ τοῦτο) — nach der andren διὰ τὸ μηδὲν ἀναλῶσαι (ἐδόκει δὲ ὁ Ἀντίμαχος οὗτος ψήφισμα πεποιηκέναι, μὴ δεῖν κωμωιδεῖν ἐξ ὀνόματος. Καὶ ἐπὶ τούτωι πολλοὶ τῶν ποιητῶν οὐ προσῆλθον ληψόμενοι τὸν χορόν, καὶ δῆλον ὅτι πολλοὶ τῶν χορευτῶν ἐκείνων. Ἐχορήγει δὲ ὁ Ἀντίμαχος τότε, ὅτε εἰσήνεγκε τὸ ψήφισμα. Οἱ δὲ λέγουσιν ὅτι ποιητὴς ὢν καλὸς χορηγῶν ποτε μικρολόγως τοῖς χορευταῖς ἐχρήσατο). Die zweite Erklärung ist sicherlich aus der Textstelle selbst gefolgert. Gegen die Glaubwürdigkeit der ersten lässt sich der Einwand erheben, dass sie mit einer Angabe nicht übereinstimmt, die in einer andren Quelle erhalten ist. Bei Pollux (6. 148) wird ψακάς unter den Ausdrücken erwähnt, die εἰς τὸν ὀλίγα ὑπ' ἀσθενείας λέγοντα gebraucht worden sind. Man könnte vermuthen, das Wort sei durch Misverständnis des μικρολόγως, das in einer von Pollux und von dem Scholiasten gemeinsam benutzten Quelle gestanden habe, in die Liste des Lexikographen gerathen. Dieser Ausweg wird aber dadurch abgeschnitten, dass in dem nämlichen Verzeichnisse auch ῥανίς aufgeführt wird. Es stehn sich also die Nachricht der Scholien gegenüber, Antimachos sei διὰ τὸ συνεχὲς πτύειν als Sohn des Ψακάς gefeiert worden, und die Notiz des Pollux, als ψακάδες habe man Leute bezeichnet, die, was sie zu sagen hatten, nur tropfenweise preiszugeben vermochten. Da der Sprachgebrauch nach keiner Seite hin entscheidet, eine andre Art der Controlle fehlt, so bin ich der Ansicht, dass wir mit beiden Möglichkeiten rechnen müssen[1]).

An letzter Stelle haben wir es mit den Namen zu thun, in denen über unarticulierte Laute Beschwerde geführt wird.

Alt und weit verbreitet ist die Sippe, der der Wortstamm χρεμε- (χρεμετίζω, χρόμαδος) zu Grunde liegt.

Χρέμης in Athen seit dem 5. Jahrh. (Χρέμητος δὲ υἱὸς ἦν Τχέρβολος Schol. Aristoph. Frieden 681), in der mittleren Komödie der grümliche Alte (Χρέμης τις ἢ Φείδων τις Antiphanes, Meineke 3. 106 31);

Χρεμᾶς Akarnanien (Polyb. 28. 5, 1 u. s.; 2. Jahrh.);

Χρεμύλος Styra (Ion. Inschr. no. 19, 158; 5. Jahrh.), Name des unzufriednen Alten im Plutos des Aristoph.;

---

[1]) Man beachte, dass Theophrast unter die Merkmale des δυσχερής das rechnet, dass er προσλαλῶν ἀπορρίπτει ἀπὸ τοῦ στόματος (Charakt. 19. 4).

Χρέμων Athen (Xenoph. Hell. 2. 3. ιι. Μεγαρεύς (CIA 2 no. 834 c ιο
Add.³, Ἀργεῖος (Eq. ἱρρ. 1892. 69 ω. Tegea (Le Bas-Foucart no. 340 b ιι);
Χρεμωνίδης Ἀθμαλίδης CIA 2 no. 332ι; 3. Jahrh.);
Χροσύλος¹) Styra (Ion. Inschr. no. 19. ωι: 5. Jahrh.);
Χρόμων ὁ Μεσσήνιος (Thuk. 3. (?). Notion (BCH 18. 216 no. 1).
Der Name Χρίσης fällt mit dem Namen eines Fisches zusammen, den Aelian
(Περὶ ζώων 15. 11) erwähnt. Die Namen Χροσύλος und Χρόμων erinnern an
den Fischnamen χρόμις 'χρόμιος). Vom χρόμις berichtet Aristoteles (Περὶ τὰ
ζῷα ἱστορ. 4. 9), dass er ὥσπερ γρυλισμόν ertönen lasse. Aubert und Wimmer
(1. 144) sind geneigt den Fisch für die Sciaena aquila zu halten; von ihr heisst
es bei Brehm, sie lebe in grösserer Gesellschaft, »und wenn eine solche Gesellschaft schwimmend weiterzieht, vernimmt man ein laut tönendes Geräusch«
(Thierleben³, Fische 74). Augenscheinlich ist diese, in ihren Anfängen bis in
das Epos zurück reichende, Sippe für Personen bestimmt, die als Brummbärte
an den Pranger gestellt werden sollen.

Eine zweite Sippe beschäftigt sich mit den Schnarchern, unter denen man
sich vielleicht Leute mit verstopften Nasen vorzustellen hat. Ich kenne sie nur
aus Böotien:
Ῥηχίας Thespiai (IGS 1 no. 1740 ι; 3. Jahrh.);
Ῥόγκων Akraiphia (IGS 1 no. 2716 α ιι; 3. Jahrh.).

III. Geschlechtliches Unvermögen.

Die Glosse εἴρων· ἀδύνατος πρὸς συνουσίαν (Hes.) gibt Aufschluss über die
Bedeutung der namentlich in Attika verbreiteten Sippe
Κίρος Πιθεύς (CIA 4 Suppl. 2 no. 563 b ω; 4. Jahrh.);
Κιρίας (CIA 4 Suppl. 1 no. 373¹¹¹; 5. Jahrh.);
Κίρων Athen (Isaios 8, CIA 4 Suppl. 1 no. 373⁶⁸, 373⁶⁷; 5. Jahrh.),
Chios (Mitth. 13. 182 no. 42), Tarra (BCH 13. 72 no. 8);
Κιρωνίδης Oropos (IGS 1 no. 385 ι).
Einen Namen gleichen Inhalts hat Hiller von Gärtringen auf Thera gefunden:
Βάκαλος (7. Jahrh.).
Die Erklärung ergibt sich aus Phrynichos Epitome (Lobeck 272): σημαίνει γὰρ ὁ
βάκηλος τὸν ἐκτετμημένον τὰ αἰδοῖα, ὃν Βιθυνοὶ καὶ Ἀσιανοὶ Γάλλον καλοῦσι, und
aus Lukians Εὐνοῦχος (8), wo εὐνοῦχος und βάκηλοι verbunden werden. In weitrem Sinne hat Antiphanes das Wort gebraucht (Meineke 3. 59):
Οὐχ ὁρᾷς ὀρχούμενον
ταῖς χερσὶ τὸν βάκηλον; οὐδ' αἰσχύνεται

---

1) Man könnte auch Χροσύλος lesen und den Namen zu Χρυσίππος ziehen. Bei dieser Gelegenheit sei zu OP² 293 nachgetragen, dass Χρῦσις durch eine Inschrift aus Stymphalos (BCH 7. 491 no. 6 c) bezeugt ist.

ὁ τὸν Ἡράκλειτον πᾶσιν ἐξηγούμενος,
ὁ τὴν Θεοδέκτου μόνος ἀνηυρηκὼς τέχνην,
ὁ τὰ κεφάλαια συγγράφων Εὑρισίδη.

Aber die theräischen Verehrer des Wunderpfeifleins, darnach sie alle tanzen, haben es jedenfalls so ursprünglich wie möglich verstanden.

IV. Gebrauch der Gliedmaassen. Körperliche Fertigkeiten.

Die beiden Namen

Σκαῖος ὁ Δούριος Σάμιος κρατήσας πυγμῆι παῖδας (Paus. 6. 13, 8; nach dem *Σκαῖος ὁ πυγμαχίων* Herod. 5. 60 benannt?);
Σκάων Αἰξωνεύς (CIA 2 no. 1055 82; 4. Jahrh.)
sind an sich mehrdeutig. Da aber schon einer der zwölf Hippokoontiden *Σκαῖος* heisst, den sein Name weder als Tölpel noch als Dummkopf berufen [1]) kann, so scheint mir geboten in *Σκαῖος* den Linkhändigen, den Namensvetter des römischen *Scaevola* zu sehen.

Auf Schwerfälligkeit, namentlich unbeholfnen Gang, weist der Name *Χελωνίων* Thasos (Ion. Inschr. no. 81 I 8; 5. Jahrh.), Athen (CIA 4 Suppl. 2 no. 7b 4), den schon Wilhelm (Arch. epigr. Mitth. aus Österr. 15. 2) mit der *χελώνη* in Zusammenhang gebracht hat. Die Schildkröte ist dem Hellenen das Sinnbild der Plumpheit. Man erkennt dies leicht an dem Sprichworte *Χελώνην Πηγάσωι συγκρίνεις* (Apostol. 18. 24), dem man das lateinische *Testudo volat* an die Seite stellen kann, und aus den Fabeln von Schildkröte und Adler oder Hasen (Aesop no. 419. 420 Halm), die beide an die *βραδύτης* des Panzerträgers anknüpfen [2]).

Den Gegensatz hierzu stellen die Namen dar, die ein **Übermaass der Beweglichkeit** constatieren. Nach griechischer Anschauung verstösst solches Übermaass gegen die *σωφροσύνη* [3]).

Στροῖβος Athen, Lieblingsname auf einer Kylix des Britischen Museums (Catalogue 2. 219), Thuk. 1. 105, 8;
Κίνδων, ὀψοφάγος bei Athenaios (p. 345c).
Zu *Στροῖβος* vgl. die Glossen *στροιβός· δ(ε)ῖνος, στροιβᾶν· ἀντιστρέφειν* (Hes.); zu *Κίνδων* die Wörter *ὀνοκίνδιος* (Eupolis in den Scholien zu Aristoph. Vög. 1556) und *κίνδαξ· εὐκίνητος* (Hes.).

---
1) Bei Alkman empfängt er das Beiwort *ἀγρότας*, wie Artemis *Ἀγρότα* (Smlg. no. 3221) und *Ἀγρότις* heisst (IGS 1 no. 3100), Diels Hermes 31. 342².

2) Übrigens wird die Schildkröte, die Hermes Hymn. Hom. 3. 25 findet, als *σαῦλα ποσὶν βαίνουσα* beschrieben. Also könnte mit *Χελωνίων* auch bezeichnet sein, *wer gressu delicato et languido* (Phaedr. 5. 1, 12) des Weges kommt.

3) Demosth. 45. 77 *Ἐγὼ δ᾽ ὁ ἀνδρεῖος Ἀθηναῖος τῆς μὲν ὄψεως τῆι φύσει καὶ τῶι ταχέως βαδίζειν καὶ λαλεῖν μέγα οὐ τῶν εὐτυχῶς κεφυκότων ἐμαυτὸν κρίνω.*

Hierher darf man vielleicht, unter Berufung auf die δήσυροι μύρμηκες des Aischylos (Prometh. 452) und die antiken Wagnerianern nachgerühmten ἱκτράπελοι μυρμηκιαί des Pherekrates (Meineke 2. 330), als vergleichende Namen ziehen *Μύρμηξ* Athen (Aristoph. Frösche 1506; nach dem Heros?), Stoiker unbekannter Herkunft (Diog. Laert. 2. 11,2), *Μοβωλλεύς* (BCH 10. 488 no. 2 ι); *Μύρμαξ* Epidauros (Ἐφ. ἀρχ. 1892. 69 m), Kos (Smlg. no. 3706 V 12); *Μυρμίδας* auf einem Aryballos aus Korinth (Smlg. no. 3121; 6. Jahrb.)[1].

Unsicher wird die Erklärung dadurch, dass *Μύρμηξ* auch der Name einer berühmten Klippe ist (Herod. 7. 183), der er vermutlich um der starken Einschnitte willen beigelegt ward, die sie mit der Ameise theilt (Fick Beitr. 22. 40). So könnte man auch daran denken in *Μύρμηξ* einen Mann mit Ameisentaille zu sehen.

Man ist auf den ersten Blick geneigt hier auch die Gruppe von Namen einzureihen, die sich an Benennungen von Spielgeräthen anschliessen, bei denen es sich um Herstellung einer schnellen Bewegung handelt. Als solche Namen sind mir bekannt:

Στρόμβος Grabschrift zu Tanagra (IGS 1 no. 1402 ι), mit andrer Vocalisation *Στράμβος Οἰνοαῖος* (Smlg. no. 2041 17, no. 2121 s; 2. Jahrb.);
Στρόμβις Melos (CIG 2 no. 2436 b Add.);
Στρόμβιχος seit dem 5. Jahrb. (Thuk. 1. 45, s) oft in Athen, *Θάσιος* (IGS 1 no. 348 ι), Iasos (Journ. Hell. Stud. 9. 341 no. 3 s), *Ὀάξιος* (Smlg. no. 1951 ι), *Ἀμφισσεύς* (Smlg. no. 1995 s), *Ἀπολλωνιάτας* (Dittenberger Syll. no. 198 10);
Στρομβιχίδης Athen (Thuk. 8. 15, 1; Enkel des *Στρόμβιχος*),
Στρομβ[ιχίδ]ας Dyme (Smlg. no. 1612 11);
Στρομβυλίων Αἰγειδος φυλῆς (CIA 2 no. 444 II 45; 2. Jahrb.).

Vgl. II. ,Σ 413

στρόμβον δ' ὡς ἔσσευε βαλών, περὶ δ' ἴδραμε πάντη.
Στρόβιλος Syrakus (IGSI no. 8 s).

Vgl. Plat. Pol. p. 436 d ὡς οἵ γε στρόβιλοι ὅλοι ἑστᾶσί τε ἅμα καὶ κινοῦνται.
Ῥύμβις Styra (Ion. Inschr. no. 19, w; 5. Jahrh.).

Vgl. Schol. Ap. Rhod. 1. 1139 ῥόμβωι · τροχίσκος. ὂν στρέφουσιν ἱμᾶσι τύπτοντες καὶ οὕτως κτύπον ἀποτελοῦσι.

Βεμβακίδας Grabschrift zu Thespiai (IGS 1 no. 1881 ι).

Von einem Nomen *βέμβαξ*, das mit *βαβάξαι · ὀρχήσασθαι* (Hes.), *βαβάκτης* bei Kratinos (Meineke 2. 182) und mit *βέμβιξ* im Zusammenhange steht (Beitr. 23. 248 f.).

---

[1] Der Künstler *Μυρμηκίδης* (die Stellen bei Böckh CIG 1. 873) scheint seinen Namen der Kunst verdankt zu haben Ameisen in Elfenbein nachzubilden. Vgl. Bruno Gesch. d. griech. Künstler 2. 405 ff.

Über βέμβιξ vgl. Schol. Aristoph. Vög. 1461: ὁ δὲ βέμβιξ ἐργαλεῖόν ἐστιν, ᾧ μάστιγι στρέφουσιν οἱ παῖδες.

Τρέχεις Hyettos (IGS 1 no. 2811 14; 3. Jahrh.);
Τρόχης Grabschrift zu Tanagra (ebenda no. 1449).
Den τροχός beschreibt Acron zu Hor. Carm. 3. 24 51: *circulus ahenaeus, rotae similis, quem pueri ludentes virga ferrea circumagebant* u. s. f. (Hermann-Blümner Privatalterth. 293[1])).

Misst man diese fünf Sippen an Στροῖβος, so ergibt sich, dass sie mit diesem gleichen Inhalt haben können. Sie unterscheiden sich in diesem Falle von Στροῖβος nur dadurch, dass sie durch das Mittel der Vergleichung das aussprechen, was mit Στροῖβος rund heraus gesagt wird: Στρόμβος ist ein Mann wie ein Brummtopf, Βέμβαξ ein Mann wie ein Kreisel. Man erinnere sich, dass die tanzenden Söhne des Karkinos von Aristophanes οἱ Καρκίνου στρόβιλοι genannt werden (Frieden 864), und dass der Sykophant dem Pisthetairos das grosse Geheimnis jedes erfolgreichen Strebens in dem Worte enthüllt: βέμβικος οὐδὲν διαφέρειν δεῖ (Vög. 1461): ein Zweifel daran, dass die erwähnten Namen geeignet seien das Übermaass von körperlicher Beweglichkeit, mag diese veranlasst sein wodurch sie wolle[1]), zum Ausdrucke zu bringen, kann dann nicht mehr aufkommen. Allein sprachlich betrachtet ist noch eine andre Auffassung möglich.

Wer sich in einer bestimmten **körperlichen Fertigkeit** vor seinen Concurrenten auszeichnet, kann nach ihr genannt werden. Dies ist offenbar die Veranlassung der Namen
Σφαῖρος Thasos (Ion. Inschr. no. 73 8), Athen (z. B. CIA 2 no. 1044 *b* 6; 2. Jahrh.), Rhodos (CGC Caria 261 no. 345), Fabrikant in Knidos (Dumont 263 no. 107), Sklave in Delphi (Smlg. no. 2273 4);
Σφαιρίων Fabrikant in Knidos (Dumont 284 no. 76);
Δίσκος Eretria ('Αθηνᾶ 5. 360 no. 44), Rhodos (IGI 1 no. 1122); Metöke auf Delos (BCH 7. 106 16; 3. Jahrh.), Sklave in Delphi (Smlg. no. 2190 5),
die keines Commentares bedürfen[2]). Vielleicht findet so auch
Σόλων, zuerst in Athen (7. Jahrh.), an andren Orten vielleicht abhängig von dem berühmtesten Träger des Namens,
seine Erklärung: in der Ilias vertritt der σόλος die Stelle des δίσκος[3]).

---

1) Bei dem ὀφσφάγος Κίνδων könnte sie z. B. aus dem Magen kommen.
2) Neben Σφαῖρος steht Εὔσφαιρος BCH 8. 26 B 3. Aber der Vater des Εὔ-σφαιρος heisst Εὔ-αλής, sein Name wird also auf die Gestaltung des Sohnesnamens Einfluss geübt haben. — Δίσκος ist GP² 99 anders, aber, wie mir jetzt scheint, nicht richtig gedeutet.
3) Daran hat mich College Blass erinnert. — Es sei noch die Frage aufgeworfen, ob die Leute, die mit der Heuschrecke verglichen werden, also Βροῦκοι auf Melos (IGA no. 414) und 'Ακριδίων auf Delos (BCH 6. 38 57), dies ihrer Gewandtheit im Springen verdanken. Der von Antiphanes (Meineke 3. 110 f.) eingeführte Parasit rühmt sich zu sein εἰσπηδῶν ἀκρίς.

Wenn nun Σφαῖρος ein Knabe ist, der gern σφαίραι παίζει, Δίσκος ein guter Diskoswerfer — leider vermag ich nicht auch auf einen Δίαυλος zu exemplificieren, da er unsrem geschmackvollen Zeitalter als Triumph aufgespart blieb —: so können auch Στρόμβος, Στρόβιλος, Ῥόμβις, Βαμβακίδας, Τρόχεις als Leute angesehen werden, die sich als Knaben auf die Behandlung des Brummtopfes, des Kreisels und des Reifes in besondrem Grade verstanden haben. Die Namen des Spielplatzes sind dann wichtiger gewesen als die Namen der δεκάτη.

Zweites Capitel.
Der Mensch als geistiges Wesen.
I. Intellect.

Der Einzelne kann bei seiner Umgebung ebensowol durch einen Mangel wie durch einen Überschuss geistiger Regsamkeit Aufsehen erregen.

Dass auch die Griechen mit dem Beschränkten wenig Geduld gehabt haben, lehrt die ziemlich grosse Liste von Spitznamen, in denen sie sich über ihn lustig machen.

    Χαῦνις Thasos (Thas. Inschr. no. 3 I 4; 5. Jahrh.);
    Χ[αύ]νιος vielleicht herzustellen auf der Liste der aus der Erechtheidischen Phyle Gefallenen (CIA 1 no. 433 II 8; 5. Jahrh.).
Χαῦνις, Χαύνιος sind Variationen von χαῦνος, das sich begrifflich etwa mit lat. *vanus* deckt. Ich erinnere an Solon fragm. 34
    Χαῦνα μὲν τότ' ἐφράσαντο, νῦν δέ μοι χολούμενοι
    λοξὸν ὀφθαλμοῖς ὁρῶσιν πάντες ὥστε ἐχθρόν.
Neben Χαῦνις, Χαύνιος steht das Appellativum χαῦναξ in der Glosse χαυνάκων· χαυνοποιῶν, οἱ δὲ χαυνολόγων (Hes.).

    [Β]λακίων Theben (IGS 1 no. 2463 10; 3. Jahrh.).
Die Ergänzung rührt von Dittenberger her. Wäre Πλακίων der Inschrift CIG 1 no. 1271 19 gesicherter, als der Fall ist (die Lesung beruht auf Fourmonts Autorität), so käme auch die Ergänzung [Π]λακίων in Frage.

    Βαβύρτας Delphi (Smlg. no. 2182 a; 2. Jahrh.), Messene (Polyb. 4. 4, 5).
Vgl. βαβύρτας· ὁ παράμωρος Hes.

    Μάργος, Vater eines Βάρις, Hermion (Smlg. no. 3398 II a).

Μάργος wird GP² 34 als Koseform von *Γαστρί-μαργος* genommen. Aber *Γαστρίμαργος* bezeichnet den Mann, der *πρίκει γαστέρι μάργη ἐξηλὲς φαγέμεν καὶ πιέμεν* (σ 2 f.), während Vater *Μάργος*, der einen Sohn *Βάρις* erzeugt hat, sicher einer von den Leuten gewesen ist, die nicht aussterben.

Zu Vergleichungen geben zunächst eine Reihe sprichwörtlicher Repräsentanten der *μωρία* Gelegenheit: *Μόρυχος, Κόροιβος, Βουκαλίων, Κοικυλίων, Μαργίτης, Μελητίδης*. Die Namen der beiden ersten kommen als Namen historischer Personen wirklich vor; es fragt sich nur, ob beabsichtigt gewesen ist Thoren mit ihnen zu bezeichnen.

Μόρυχος begegnet uns seit dem 5. Jahrh., von seinen beiden Ableitungen wenigstens die eine:

Μόρυχος Βουτάδης (CIA 2 no. 652 A 12; um 400 v. Chr.); einen Tragiker verhöhnt die alte Komödie;
Μορυχίδης Παλληνεύς (CIA 1 no. 129 s), *Μορυχίδας* Tanagra (IGS 1 no. 585 II 13);
Μορυχίων Tenos (Anc. Gr. Inscr. no. 377 41; 3./2. Jahrh.).

Μόρυχος ist *ἐπίκλησις* des Dionysos in Athen (vgl. Preller-Robert 1. 675⁴). Da schon Sophron das Sprichwort *μωρότερος εἶ Μορύχου* gekannt hat (fragm. 117 Botzon), so muss man schliessen, dass die angeführten Namen sämmtlich den Zweck haben menschlichen *μῶροι* ihr Recht widerfahren zu lassen.

Anders, glaube ich, hat man über die Geltung des Namens *Κόροιβος* zu urtheilen. Auch er lässt sich seit dem 5. Jahrh. nachweisen; so in Athen (vgl. CIA 1 no. 433 I 44), Plataiai (Thuk. 3. 22, s), Lakedaimon (CIA 2 no. 50 11; 4. Jahrh.), Megara (IGS 1 no. 27 13); dazu *Κοροιβίδης* auf Thasos (Ion. Inschr. no. 78 III 9; 4. Jahrh.). Indessen, so viel wir wissen, ist *Κόροιβος* erst durch Euphorion von Chalkis zum Vertreter der Thorheit gestempelt worden (vgl. Meineke Anal. Alex. 153 fragm. 153). Da die angeführten Zeugnisse, von dem aus Megara abgesehen, sämmtlich älter als Euphorion sind, so beweisen sie für die Geltung von *Κόροιβος* als Benennung des *εὐήθης* gar Nichts; und auch der *Κόροιβος* aus Megara ist sicher kein Dummkopf, sondern ein Mann, dessen Vorbild der Heros *Κόροιβος* sein soll, an dessen Verdienste das Heiligthum des Apollon zu Tripodiskos den Megarer jeden Tag erinnern konnte. Da, wie wir sehen, der Heros der Linossage, lange bevor der Freier der Kassandra zu einer burlesken Figur geworden war, historischen Personen seinen Namen hat hergeben müssen, so wäre es ein eitles Bemühen für die spätere Zeit entscheiden zu wollen, bei welchem *Κόροιβος* der Heros und bei welchem der *μῶρος* zu Gevatter gestanden habe.

Mehr positiven Ertrag wirft die Untersuchung der Frage ab, welche Thiere die Hellenen für qualificiert gehalten haben die *ἠλιθιότης* eines Vertreters der Gattung Homo sapiens auf den eignen Namen zu nehmen.

Platon spottet im Laios (Meineke 2. 636):

Οὐχ ὁρᾷς ὅτι
ὁ μὲν Αἴαγρος, Γλαύκωνος ὢν μεγάλου γένους,
ἀβελτεροκόκκυξ ἠλίθιος περιέρχεται,
σικυοῦ πέπονος εὐνουχίου κνήμας ἔχων;

Das Wort ἀβελτεροκόκκυξ ist nicht von Bergk für das überlieferte κόκκυξ aus Phrynichos eingesetzt; der Lexikograph schreibt (Bekk. Anecd. 1. 27 14): ἀβελτεροκόκκυξ· ἀβέλτερος καὶ κενός· κόκκυγα λέγουσι τὸν κενὸν καὶ κοῦφον. In der gleichen Bedeutung gebraucht Aristophanes in den Acharnern (598) das Wort κόκκυξ: drei κόκκυγες haben den Lamachos zum Feldherrn gewählt. Ein drittes Beispiel für diesen Gebrauch kann man mit Wilamowitz (Isyllos 132⁴) im 29. Fragmente des Anakreon vermuthen: Ἐγὼ δ' ἀπ' αὐτῆς φύγον (überl. φεύγω) ὥστε κόκκυξ [1]). So haben wir das Recht die Namen

Κόκκυψ Thespiai (IGS 1 no. 1888a 12; 5. Jahrh.);
Κοκκουβίας Thespiai (IGS 1 no. 1745 10; 3. Jahrh.),

deren zweiter lehrt, dass Κοκκυβίας bei Hesych nicht angetastet werden darf, als ehemalige Spitznamen für Leute zu betrachten, die wir nach unsrem Sprachgebrauche unter die Gimpel versetzen würden.

Ich erinnere ferner daran, dass das Geschlecht der βόες den Griechen nicht nur als Typus der Grösse und Kraft, sondern auch der geistigen Schwerfälligkeit gegolten hat. Βοῶν ὦτα ἔχετε, lautet ein Sprichwort (Apostol. 5. 13). Eustathios schreibt (Meineke 4. 318 fragm. 187): Ὅτι δὲ καὶ εἰς ἀναισθησίας σκῶμμα λαμβάνεται ὁ βοῦς, δηλοῖ καὶ ὁ παρὰ Μενάνδρωι βοίδης, ὅ ἐστι κραῖος, εὐήθης, καθ' ὁμοιότητα τοῦ ἀμνοκῶν. Ich halte darum für möglich, dass die Träger des Namens

Βοίδας Sikyon (Plin. NH 34. 66; 4. Jahrh.) Byzanz (Vitruv. 3. 2),
Κοs (Smlg. no. 3624c 12); unbekannter Herkunft der von
Diphilos verspottete Philosoph (Schol. Aristoph. Wolk. 96)
und die CIA 2 no. 835 77, no. 1012 I 8 genannten peregrini

wenigstens theilweise Boiotier waren[2]).

Bekannt ist das Sprichwort ἡ ὗς τὴν Ἀθηνᾶν (vgl. Leutsch zu Apost. 17. 73). Das Schwein ist für den Griechen der Repräsentant der ἀπαιδευσία. In Plutarchs Dialoge Περὶ τοῦ τὰ ἄλογα λόγωι χρῆσθαι ist Γρύλος Charaktername: der in ein Ferkel verwandelte Gefährte des Odysseus verficht den Satz, dass die ψυχή der Thiere geeigneter sei πρὸς γένεσιν ἀρετῆς· ἐνσκίτακτος γὰρ καὶ ἀδίδακτος ὥσπερ ἄσπορος καὶ ἀνήροτος ἐκφέρει καὶ αὔξει κατὰ φύσιν τὴν ἑκάσταις προσήκουσαν ἀρετήν. Zu den Worten ἔπεσθε μητρὶ χοῖροι (Aristoph. Plut. 315 = 308) bemerken die Scholien: τοῦτο δὲ παροιμιῶδές εἰναί φασιν· οἱ γὰρ παῖδες τοῦτο εἰώ-

---

[1] Diese Stelle wird freilich als Beleg für die Feigheit des Vogels angeführt, von der auch Ps. Ar. Περὶ τὰ ζῶια ἱστορ. 9. 29 die Rede ist (διὰ γὰρ τὸ συνειδέναι αὐτὸι τὴν δειλίαν).

[2] Βοίδας bei Plinius und Vitruvius (Boedas die Überlieferung) ist zuerst von Keil erkannt (Anal. crit. et onomatol. 212 f.) und mit einer sprachlich vollkommen zulässigen Erklärung (der gleichen die GP⁴ 81 vorgetragen wird) gestützt worden. Möglicher Weise meinen Plinius und Vitruvius die gleiche Person (Robert bei Pauly-Wissowa 3. 594).

φασί λέγειν, ἐπεί τε μητρὶ χοῖροι· παροιμιακὸν οὖν ἐστι, καὶ ἐπὶ τῶν ἀπαιδεύτων φασὶ λέγεσθαι. Mag es in dem letzten Falle stehn wie es wolle — sicherlich haben wir das Recht in diesem Zusammenhange der Namen zu gedenken, die unsren Freund, das Schwein, zu Worte kommen lassen:

    Γρίσων Halikarnassos (Ion. Inschr. no. 240 14; 5. Jahrh.).
Vgl. Γρίσων (überl. Γρισᾶν)· ὑς. Ἀριστοφάνης δὲ ὄνομα δρομέως νενικηκότος ἐν Ὀλυμπίαι στάδιον (Hes.).
    Γρῦλος Ἐρχιεύς. Vater und Sohn des Xenophon (Diog. Laert. 2. 6, 1), Χαλκιδεύς (Diod. 17. 40);
    Γρῦλις Ephesos (CGC Ionia 59 no. 94; 3. Jahrh.), Tanagra (IGS 1 no. 880);
    Γρυλίων εἰς τὸν Ἀρεοπαγιτῶν (Athen. p. 513 d; 4. Jahrh.), Πλαταιεύς (IGS 1 no. 2723 s);
    Γρύλων (CIA 2 no. 3583).

Die grösste Verbreitung hat die dritte Sippe gewonnen:
    Χοῖρος Vater des Μίκυθος aus Rhegion (Herod. 7. 170; 6. Jahrh.), Thasos (Thas. Inschr. no. 12 III s);
    Χοίρακος in dem Patr. Χυράκιος Tanagra (IGS 1 no. 538 10; 4./3. Jahrh.)¹);
    Χοιρίλος Tragiker zur Zeit des Aischylos, Θεράπων des Komikers Ekphantides (Meineke 1. 37), Samos (Plut. Lys. 18), Tanagra (IGS 1 no. 585 IV 11), Iasos (Steph. Byz. unter Ἰασος), Ἡλεῖος (Paus. 6. 17. s). Eretria (Ἐφ. ἀρχ. 1895. 131 II 19), Χυρίλος Lato (Museo Ital. 3. 646 no. 58 s);
    Χοιρίων Katane (Head Hist. Num. 116; 5. Jahrh.), Χυρίων Grabschrift zu Assos (Papers of Amer. School 1. 76 no. 59);
    Χοίρων Thasos (Thas. Inschr. no. 8 I 12, 4. Jahrh.).

Dem Ideale des καλὸς κἀγαθός entspricht λέγειν μὲν δυνατὸν εἶναι, λαλεῖν δὲ μέτρια. Der Einzelne kann also nach zwei Seiten hin Anstoss erregen: dadurch, dass er der Rede nicht Herr ist, oder dadurch, dass er nicht über seine Zunge gebieten kann. Beide Fehler verrathen einen Mangel: entweder an Begabung oder an Erziehung und Bildung.

Auf Ungewandtheit in der Rede weisen vielleicht die beiden schon bei früheren Gelegenheiten (12. 46) erwähnten Namen
    Ψακάς und
    Ψάνις,
da bei Pollux (6. 148) ψανίς und ψακάς unter den Ausdrücken stehn, die εἰς τὸν ὀλίγα ὑπ' ἀσθενείας λέγοντα im Gebrauche gewesen sind.

---

1) Über den delischen Namen Χοίρακος, von dessen Beurtheilung die von Χοιρίλος (s. B. BCH 8. 515 no. 15 s) abhängig ist, sieh S. 14¹.

Der Vorwurf der Geschwätzigkeit ist enthalten in
Λάλαξ (Gen. *Λάλακος*)[1]) Thera (5. Jahrh., mitgetheilt von Hiller
von Gärtringen);
vgl. *λάλαγες· χλωροί βάτραχοι περί τάς λίμνας* (Hes.), Anakr. fragm. 90 (Bergk)
*Μηδ' ὅστε κῦμα πόντιον
λάλαζε, τῆι πολυκρότηι
σύν Γαστροδώρηι καταχύδην
πίνουσα τήν ἐπίστιον,*
und *λαλάξαντες· βοήσαντες* (Hes.).
Ferner steckt der Vorwurf wol in
Φλόϝαξ Tanagra (BCH 20. 242, 'Εφ. ἀρχ. 1896. 243; 5. Jahrh.),
da *Φλόϝαξ* im Ablautverhältnisse zu *φλύαξ* stehn, also einen *φλύαρος* bezeichnen
kann[2]). Gehört der Name
Φλίας (-*αντος*) Priene (Anc. Gr. Inscr. no. 419 es; 2. Jahrh.)
in die gleiche Reihe?
Ganz deutlich wird der Vorwurf ausgesprochen in
Πίπος Thasos (Ion. Inschr. no. 75 II n; 4. Jahrh.; der Sohn
heisst *Πολύθρους*).

Die Kehrseite der Betrachtung bringt uns mit den durchtriebnen Köpfen
und mit den Leuten in Berührung, die sich in einer geistigen Kunst hervorthun.
Die Namen, die von Durchtriebenheit zu berichten wissen, sind fast
durchaus vergleichender Natur. Einen sittlichen Vorwurf brauchen sie nicht
auszusprechen; wie weit sie es im einzelnen Falle doch thun, kann nicht entschieden werden.
Der einzige Name, der eine directe Aussage enthält, ist
Γλαφορίδας Akraiphia (IGS 1 no. 2718 s; 3. Jahrh.);
ich beurtheile ihn nach dom Sprachgebrauche des Alexis (Meineke 3. 430)
*ἀλλ' ἐγώ σοφῶς
ταῦτ' οἰκονομήσω καὶ γλαφυρῶς καὶ ποικίλως.*
Alle übrigen Namen, die mir zur Verfügung stehn, benutzen die Form der
Vergleichung.
Eine von ihnen greift in die Heroenwelt:
Σίσυφος ἐν Μελίτηι hoικῶν (CIA 1 no. 324 a es; 5. Jahrh.), Phar-
salos (Theopompos bei Athen. p. 252 f).
Als Beiname ist *Σίσυφος* aus Sparta bekannt: *Δερκυλλίδας ὁ Λακεδαιμόνιος ....
ἀνὴρ δοκῶν εἶναι μάλα μηχανητικός· καὶ ἐπεκαλεῖτο δὲ Σίσυφος* (Xenoph. Hell. 3. 1, s).

---

1) Mit *Λάλακος* vgl. *ὅρυνος* bei Philemon (Meineke 4. 65 fragm. 123) und die Ausführungen
WScholses GGA 1896. 240.
2) Wie ist der Name *Φλίαξ* (Delphi, BCII. 20. 209 es; 4. Jahrh.) zu deuten? Da die Inschrift kein ρι für ε vor Vocalen kennt, ist die Zurückführung auf *Φλίαξ* nicht gestattet. Nach
den Lauten könnte man *Φλίαξ* als Kürzung von *Φλιάσιος* betrachten und ein analoges Beispiel
der Verkürzung in 'Ρόδαξ aus 'Ρόδιος erblicken.

Drei andre rufen den Fuchs zu Hilfe und empfangen dadurch mehr oder weniger einen Stich ins Unehrenhafte.
Ἀλώπεκος Μετακοντίνος (Iambl. De vita Pythag. 189 ιο N.)[1]).
Vgl. Solon fragm. 11. 5 f.
ὑμέων δ' εἷς μὲν ἕκαστος ἀλώπεκος ἴχνεσι βαίνει,
σύμπασιν δ' ὑμῖν χαῦνος ἔνεστι νόος,
aber auch ἀλωπεκίζειν Aristoph. Wesp. 1241.
Κινάδης Styra (Ion. Inschr. no. 19, 51; 5. Jahrh.);
Κινάδων Sparta (Xenoph. Hell. 3. 3, 4);
abgeleitet von κίναδος: τοὐπίτριπτον κίναδος nennt Aias den Odysseus.
Σκιραφίδας Sparta (Plut. Lys. 17);
vgl. die Glosse κίραφος· ἀλώπηξ. Λάκωνες (Hes.). Dass Σκίραφ in der Komödie als ὄνομα κύριον vorgekommen ist, berichtet Choiroboskos (Bekker Anecd. 3. 1200).

Die Griechen besitzen das Sprichwort Κανθάρου σοφώτερος, Κανθάρου μελάντερος, das auf die alte Thierfabel (Fab. Aes. no. 7 H.) hinweist, die den Mistkäfer die Eier des Adlers vernichten lässt (Crusius Anal. crit. ad paroem. gr. 147). Wenn also ein Mann Κάνθαρος genannt wird, so kann sich in der Benennung die Anerkennung unbequemer Schlauheit aussprechen. Der Name reicht bis ins 5. Jahrh. zurück:

Κάνθαρος Dichter der alten Komödie (Meineke 1. 251; ein Μυρρινούσιος CIA 2 no. 600 13), Sikyon (Paus. 6. 3, 4), Per. Rhod. (BCH 10. 253 11 m);
Κανθαρίων Athen (Mitth. 21. 93 2; 4. Jahrh.), ὁ Ἀρκάς (Plut. Αἴτια Ἑλλην. 39);
Κανθίας Argos (Smlg. no. 3269 10; 5. Jahrh.)[2]).

Auszeichnung auf dem Gebiete der Wissenschaft, des geistreichen Spieles oder der Kunst hat ebenfalls Beinamen im Gefolge.
Auf Meisterschaft im Rechnen oder in der πεττεία gehn die Namen
Ψάφων Kyrene (Smith-Porcher no. 6 34), auf Henkeln unbekannter Herkunft (CIG 3 XX no. 200);
Στιώνδας Thespiai (IS 1 no. 1888b 8; 5. Jahrh.);
Στίαξ Epidauros (Ἐφ. ἀρχ. 1892. 74 91; 4. Jahrh.).
Die Zusammengehörigkeit von Στιώνδας und Στίαξ ist von Keil (Mitth. 20. 428 f.) mit Recht betont worden. Auch der Erklärung der Namen, die er unabhängig von Blinkenberg (Eretr. Gravskr. no. 75) vorgetragen hat, stimme ich zu: er be-

---

1) Die Zusammensetzung τρυπ-αλώπηξ (ὁ διὰ πανουργίαν πάντα τρυπᾶν καὶ ἐργάζεσθαι δυνάμενος Bekker Anecd. 1. 64) liegt verkürzt vor in dem argivischen Namen Τρῶπις (CGC Peloponn. 146 no. 121; 228—146 v. Chr.).

2) Dieser Name kann auch anders gedeutet werden. Lysippos sagt (Meineke 2. 746):
Εἰ μὴ τεθέασαι τὰς Ἀθήνας, στέλεχος εἶ,
εἰ δὲ τεθέασαι μὴ τεθήρευσαι δ', ὄνος,
εἰ δ' εὐαρεστῶν ἀποτρέχεις, κανθήλιος.

ruft sich darauf, dass nach den Scholien zu Apoll. Rhod. 2. 1175 *ετtαι αἱ ψῆφοι παρὰ Σικυωνίοις καλοῦνται*. Wer in der Kunst des *λέγειν γρίφους* excelliert, erhält den Namen *Γρῖφος* (CIA 2 no. 1012 I n; 4. Jahrh.; »catalogus est peregrinorum«), Imbros (BCH 13. 431 no. 4 s, ebenfalls in einer Namenliste¹). Ein Handwerker, der für den Tholosbau zu Epidauros *ἐγγλύμματα* u. dgl. zu liefern hatte, hiess

    Κωμωιδίων ('Εφ. ἀρχ. 1892. 72 ιι; 4. Jahrh.).

Dieser Name erinnert an den *Πατανίων* des Philetairos (Meineke 3. 298), an *Λαγυνίων* bei Athenaios (p. 534 f), *Πιθακνίων* bei Alkiphron (Meineke a. a. O.) und an die Märchenfigur *Καρδοπίων* bei Aristophanes (Wespen 1178). Entweder der *γλύπτης* oder sein Vater zeigte neben seinem Berufsgeschäfte ein lebhaftes Interesse für die *κωμωιδία*.

Der Virtuose auf dem *κύμβαλον* wird nach seinem Instrumente genannt:
    Κύμβαλος Tegea (Smlg. no. 1246 III ιε).

Frauennamen dieser Art sind in grösserer Anzahl belegt: *Λύριον, Πηκτίς, Ψι-θύρα* (Beitr. 21. 234). Dass der Kymbalonschläger gerade ein Arkader ist, nimmt bei dem Ansehen, in dem die Musik bei dem arkadischen Stamme gestanden hat (Polyb. 4. 20, 4 ff.), nicht Wunder.

II. Gemüth.

Die ideale Norm des sittlichen Lebens bildet für den Griechen die *σωφρο-σύνη*, das *κοσμίως πάντα πράττειν καὶ ἡσυχῆι* (so im Charmides p. 159b), oder nach der öfter wiederkehrenden Definition τὸ *κρατεῖν ἡδονῶν καὶ ἐπιθυμιῶν* (Platon Sympos. p. 196c).

Das Nichteinhalten dieser Norm kann durch Temperament oder durch Charakter bedingt sein.

1. Temperament.

Unter den Fehlern, die aus der Temperamentsanlage entspringen, sind unter den Spitznamen zwei vertreten: Jähzorn und Verdriesslichkeit.

Der Jähzorn wird gerügt in den Namen

  Ἄγριος Rhodos (IGI 1 no. 698 ι; etwa 3. Jahrh., Vater eines
  Ἡμέριος), Hyampolis (IGS 3 no. 87 sε);
  Χάλκος Ναυπάκτιος (BCH 5. 410 no. 16 ι; 3. Jahrh.);

und vielleicht auch in

  Πίμφων Kalymna (Smlg. no. 3572 ιν; so ist zu lesen), *Ἀκαρνάν*
  (BCH 6. 234 no. 78 ε);
  Πίμφις Koronta (Fouilles d' Épidaure 1 no. 243).

---
1) ΓΕΙΦΟΣ die Abschrift.

Ich vermuthe, dass *Πίμφων* und *Πίμφις* zu der Sippe *πέμφιξ, δυσπέμφελος, πόμφος, πομφόλυξ, παφλάζω* gehören, die auch in den baltischen Sprachen vertreten ist: lit. *pamptí* (schwellen), *pamplýs* (Dickbauch) u. s. f. (Fick Wörterb.⁴ 1. 475). Aischylos spricht von der *δυσχείμερος πέμφιξ* des Sturmes (fragm. 195 Nauck²), von der *πέμφιξ ἡλίου* (fragm. 170; vgl. Soph. fragm. 313) und *αἵματος¹*) (fragm. 183). *Δυσπέμφελος* gebraucht Homer vom stürmischen Meere (Π 748), Hesiod vom stürmischen Meere (Theog. 440) und von der Schifffahrt darauf ('Έργα 618); auf den Menschen ist das Wort 'Έργα 722 übertragen. Kleon heisst *Παφλαγών*, weil er wie eine *χαράδρα παφλάζει καὶ κέκλαγε* (Wespen 1034, Ritter 919, Frieden 315). Eine ähnliche Bedeutung kann den Namen *Πίμφων* und *Πίμφις* innewohnen; ihr *ι* wäre wie das *ι* von *σκινθός* zu beurtheilen.

Dazu ein vergleichender Name:

Σκορπίων Phistyon (IGS 3 no. 418₃).

Vgl. das Sprichwort *Σκορπίους βέβρωκεν* (Makar. 7. 72) mit Leutschs Note.

Den Vorwurf der **Verdriesslichkeit** erheben die Namen
Σμοῖος Athen (Aristoph. Ekkl. 846), *Σμο[ῖος]* auf einem thasischen Henkel (Jahrb. f. Phil. Suppl. 4. 400 no. 12).

Vgl. *σμοιός· χαλεπός, φοβερός, στυγνός*, und *σμυός· σκυθρωπός* (Hes.).

Στύφων Sparta (Thuk. 4. 38,₁), Thaumakoi (BCH 7. 44 no. 4₃).

Vgl. *στύφαι· στυγνάσαι* (Hes.).

Drei andre Namen enthalten den Vorwurf in Form einer Vergleichung:
Τρυγίας Thespiai (IGS 1 no. 1888 *i*₄; 5. Jahrh.).

Vgl. den Orakelspruch (Athen. p. 31 b):

*Πίν' οἶνον τρυγίαν, ἐπεὶ οὐκ Ἀνθηδόνα ναίεις
οὐδ' ἱερὰν Τπέραν, ὅθι γ' ἄτρυγον οἶνον ἔπινες.*

Ὀμφακίων Iasos (Dittenberger Syll. no. 77*b*₁₂; 4. Jahrh.; der Sohn heisst *Στάφυλος*).

Vgl. *θυμὸν ὀμφακίαν* Aristoph. Ach. 352 f., *τὰς ὀφρῦς σχάσασθε καὶ τὰς ὄμφακας* Platon in den *Ἑορταί* (Meineke 2. 626 fragm. 5).

Καρδαμίων Λιμναῖος (Smlg. no. 1379₉; 3. Jahrh.)²).

Vgl. Aristoph. Wesp. 454 f.: *ὀξυθύμων καὶ δικαίων καὶ βλεπόντων κάρδαμα*.

2. Charakter.

Die ärgste Feindin der *σωφροσύνη* ist die *ὕβρις*, die **Üppigkeit der Gesinnung**, aus der Zügellosigkeit der Begierden, Frechheit, Streitsucht, Hochmuth, Undankbarkeit, Hohn und Spott entspringen.

Die allgemeinste Benennung, die es für den *ὑβριστής* gibt, geschieht durch Einreihung des *ὑβριζων* in den Reigen der Gesellen, die den Chor des Satyr-

---

1) Vgl. auch Pind. Pyth. 4. 121 *ἐκ δ' ἄρ' αὐτᾶς πομφόλυξαν δάκρυα γηραλίων γλεφάρων*.
2) Der *Κα[ε]θ[αρ]ίνος* bei Le Bas-Waddington no. 205 ₂ hat Anc. Gr. Inscr. no. 403 ₂ einem *Καλλίθεινος* Platz gemacht.

dramas bilden. Der grösste aller ὑβρισταί urtheilt bei Platon Symp. p. 215a über Sokrates so: Φημὶ γὰρ δὴ ὁμοιότατον αὐτὸν εἶναι τοῖς σιληνοῖς τούτοις τοῖς ἐν τοῖς ἑρμογλυφείοις καθημένοις, οὕς τινας ἐργάζονται οἱ δημιουργοὶ σύριγγας ἢ αὐλοὺς ἔχοντας, οἳ διχάδε διοιχθέντες φαίνονται ἔνδοθεν ἀγάλματα ἔχοντες θεῶν. Καὶ φημὶ αὖ ἐοικέναι αὐτὸν τῶι σατύρωι τῶι Μαρσύαι. Ὅτι μὲν οὖν τό γε εἶδος ὅμοιος εἶ τούτοις, ὦ Σώκρατες, οὐδ' αὐτὸς δή που ἀμφισβητήσαις· ὡς δὲ καὶ τἆλλα ἔοικας, μετὰ τοῦτο ἄκουε. Ὑβριστὴς εἶ.... Hierzu nehme man nun die zuerst von WSchulze (Quaest. epic. 23 adn.) gewürdigte Namenverbindung
     Σατυρίουν Ὑβρίσταιος (Smlg. no. 326 II 40; 3. Jahrh.),
zu der Ὑβρίσσας Δικαίεως (ebenda II 39) einen anmuthigen Gegensatz bildet, und man wird sich überzeugen, dass die S. 19 behandelten Sippen
     Σιληνός und Σάτυρος
auch zum Ausdrucke eines sittlichen Vorwurfes geeignet gewesen sind.

 Die Zügellosigkeit der Begierden macht den Inhalt einer langen Reihe von Namen aus. Unmässigkeit im Essen, Trinken, in der Geschlechtslust empfangen in ihnen das Brandmal.
 Für den Vielesser ist
     Ἀρύστας
ein recht bezeichnender Name. Xenophon berichtet von einem Arkader, der ihn trug, Anab. 7. 3, 19. Er beschreibt den Helden als einen gewaltigen Esser, der sich, als bei einem Mahle der Wein gereicht ward, keine Zeit nahm sich seiner zu bedienen sondern den Weinschenken bat zu Xenophon weiter zu gehn: Ἐκείνωι, ἔφη, δός· σχολάζει γὰρ ἤδη, ἐγὼ δὲ οὐδέπω. Die Gewohnheit solch gesegneten Appetit zu befriedigen hat dem tapfren Arkader offenbar seinen Namen eingetragen: Ἀρύστας bezeichnet den Mann, der die ihm als hinlänglich erscheinenden Mengen von ζωμός und ἔτνος ἀρύεται; vgl. Schol. zu Aristoph. Plut. 627 μεμυστιλημένοι· εὐωχημένοι, ζωμὸν ἀρυσάμενοι ἄρτοις κοίλοις καὶ μυστρία μεμουμένοις.
 Der letzte Vers einer Speisevorschrift, die Athenaios (p. 126c) aus Nikanders Georgika mittheilt, lautet (in Kaibels Herstellung)
     ἠρέμα δὲ χλιαρὸν κοίλοις ἐκδαίνυσο μύστροις.
Vielleicht ist der
     Μύστρων (Fouilles d' Épidaure 1 no. 243)
als ein Mann zu definieren, der fleissig die μύστρα gebraucht.
 Ferner kann von der Lust am Essen benannt sein
     [Χ]αραδρίνος Grabstein bei Theben (IGS 1 no. 2578; 5. Jahrh.).
Dies ist aus der dem Sokrates in den Mund gelegten Redensart χαραδριοῦ τινὰ σὺ σὺ βίον λέγεις (Platon Gorg. p. 494b) zu schliessen. Freilich kann der Vergleichung auch eine andre Gemeinsamkeit zu Grunde liegen: ἔστι δ' ὁ χαραδριὸς καὶ τὴν χρόαν καὶ τὴν φωνὴν φαῦλος, φαίνεται δὲ νύκτωρ, ἡμέρας δ' ἀποδιδράσκει (»Aristoteles« Περὶ τὰ ζῶια ἱστορ. 9. 11).

Eine Sippe von **Trinkern** stellt sich uns vor in den Namen
Μέθυλλος Athen (CIA 1 no. 434₉₃; 5. Jahrh.);
Μέθων Grabstein in Tanagra (IGS 1 no. 1190);
Μεθύστας Μεθύσταιος Pharsalos (BCH 13. 403 no. 18₅).
Diese Sippe erhält aber noch Zuwachs. Wir wissen, dass eine grosse Schaar von Trinkern Beinamen nach den Maassen erhalten haben, die sie zu bezwingen pflegten. So ist *Ἀμφορεύς* Beiname eines Xenagoras aus Rhodos (Ael. V. H. 12. 26); von einem Demokles *Λαγυνίων* *ἐπίκλην* berichtet Hegesandros (Athen. p. 584 f); die *ἐπίκλησις Μετρητής* trug Xenarchos aus Rhodos *διὰ τὴν πολυποσίαν* davon (Euphorion bei Athen. p. 436 f); *Χώνη* nannte man Diotimos aus Athen, weil er *ἐντιθέμενος τᾶι στόματι χώνην ἀπαύστως ἔπινεν ἐπιχεομένου οἴνου* (Polemon bei Athen. p. 436 c); ein Grammatiker Demetrios aus Kyrene brachte es zum Spitznamen *Στάμνος* (Diog. Laert. 5. 5,₁₁). Den nämlichen Ursprung nun haben ohne Zweifel die Namen

Μάστος Theben (IGS 1 no. 2455; 5. Jahrh.)

und

Κώθων Byzanz (Polyb. 4. 52,₄; 3. Jahrh.), Rhodos (IGI 1 no. 46₁₀), Korkyra (IGS 3 no. 776).

Ich ziehe hierher auch

Σίφων Thasos (Thas. Inschr. no. 12 III₉; 5. Jahrh.).

Der *σίφων* ist ein sehr nützlicher Vermittler zwischen Fass und Liebhaber: *σίφωνι λεκτῶι τοὐπίθημα τετρήνας* Hippon. fragm. 56. So kann ein Thasier, der diese Vermittelung zwischen sich und dem Thasier gerne anruft, leicht nach ihr genannt werden. Spricht doch auch Meleager von *κώνωπες ἀναιδέες, αἵματος ἀνδρῶν σίφωνες* (AP 5 no. 151). Die obscöne Bedeutung, die der Chor Eurip. Kykl. 439 im Sinne hat, braucht nicht vorzuliegen.

Geschlechtliche Ausschweifung wird dem vorgeworfen, der gerufen wird mit

Λόμβαξ Thespiai (BCH 19. 332 no. 6₆; 2. Jahrh.) [1]).

Vgl. die Glosse: *λόμβαι· αἱ τῆι Ἀρτέμιδι θυσιῶν ἄρχουσαι, ἀπὸ τῆς κατὰ τὴν παιδ[ε]ιὰν σκευῆς· οἱ γὰρ φάλητες οὕτω καλοῦνται* (Hes.). Dazu die Notiz bei Pollux (4. 105): *λομβρότερον δὲ ἦν ὃ ὠρχοῦντο γυμνοὶ σὺν αἰσχρολογίαι* [2]).

Häufiger wird der Vorwurf in Vergleichungen ausgesprochen.

---

1) Die Inschrift gehört der gleichen Zeit an wie der Stein IGS 1 no. 1762, mit dem sie vier Namen gemein hat.

2) Ein andrer, aber componierter, Name dieser Art ist *Λαισποδίας*, der GP³ 183 falsch aufgelöst ist. Das zweite Namenglied hängt mit *σποδεῖν* in dem aus Aristophanes bekannten Sinne (vgl. Ekkl. 908 ff.) zusammen. Das erste ist auch in dem Namen *Λαίστρατος* enthalten, den mir Dr. Hiller von Gärtringen für Melos (BCH 2. 523 no. 4; 4. Jahrh.) bestätigt und für Nisyros nachweist. Der GP¹ 143⁰ ausgesprochene Zweifel muss diesen Zeugnissen gegenüber verstummen. Das gleiche Element steckt offenbar in den Appellativen *λακατακόγων* (Arist. Ach. 664), *λακ[α]κατάρατα· οἱ ἄγαν κατάρατοι* Phot.

Silene führen auf den Vasen die Namen *Οίφων, Πόσθων, Στύων, Στύσιππος, Σύβας, Φλίβιππος*. Diese Gesellschaft war also zu Vergleichungen vorzüglich geeignet. Einen einzelnen Fall, aus dem die Gleichung deutlich herausgelesen werden könnte, vermag ich freilich nicht nachzuweisen. Aber ich will doch nicht unterlassen die heillosen Verse des Hermippos in das Gedächtnis zu rufen, in denen dem Perikles Liederlichkeit und Feigheit zugleich vorgeworfen wird (Meineke 2. 395):

*Βασιλεῦ Σατύρων, τί ποτ' οὐκ ἐθέλεις
δόρυ βαστάζειν, ἀλλὰ λόγοις μὲν
περὶ τοῦ πολέμου δεινοὺς παρέχῃς,
ψυχὴν δὲ Τέλητος ὑπέστης;*

Als geile Thiere haben den Griechen Zuchthengst und Rebhuhn gegolten. Die Namen beider sind als Personennamen bezeugt:
Κήλων Styra (Ion. Inschr. no. 19, *и*1; 5. Jahrh.).

Vgl. Archil. fragm. 97 (Bergk):

*ἡ δέ οἱ σάθη
ὡσεί τ' ὄνου Πριηνέος·
κήλωνος ἐπλήμμυρεν ὀτρυγηφάγου* [1]).

Πέρδιξ Athen (Aristoph. Vög. 1292, fragm. 148 Dind.), Thespiai (IGS 1 no. 1888*h* 11).

Phrynichos nannte einen Kleombrotos Sohn des Perdix. Athenaios, der dies berichtet, fügt unmittelbar dahinter die Bemerkung an: *τὸ δὲ ζῷον ἐπὶ λαγνείας συμβολικῶς παρείληπται* (p. 389 a). Daraus hat Meineke (2. 599) den Schluss gezogen, dass Kleombrotos um seiner *λαγνεία* willen einen Vater Rebhuhn erhalten habe, wie Aischines als *ἀλαζών* einen Vater Aufschneider.

Man weiss jetzt, wie viel Gewicht im alten Thera auf das *οἴφειν* gelegt worden ist (vgl. Hiller von Gärtringen Thera 25 f.). Ein Sprichwort, das vermuthlich aus der alten Komödie stammt (Kock 3. 400 fragm. 12. 13. 14), lautet in der witzigsten Fassung

Οὐδεὶς κορήτης ὅστις οὐ ψηνίζεται.

Darnach wird man ermessen können, welche Gedankenverbindung zu dem Namen *Ψήν* Thera (IGA no. 461; 7. Jahrh.)
geführt habe.

Weniger sicher ist, dass Leute, die nach der Maus und nach dem Spatze genannt sind, dadurch als Gesinnungsgenossen des Kinesias haben gezeichnet werden sollen.

Μῦς häufig in Kleinasien: *ἀνὴρ Εὐρωπεύς* (Herod. 8. 133), Iasos (CIG 2 no. 2677*b* 11), Halikarnassos (Mitth. 15. 252 no. 2*s*), Lagina (BCH 11. 8 no. 2 1), *Κιανός* (CIA 2 no. 3007), *Μυρινατος* (Conze Inselreise 67), *'Εφέσιος* (IGS 1 no. 4 1) —

---

1) Dazu noch Kratinos (Meineke 2. 182 fragm. 22):
*Χαῖρε, χρυσοκέρω βαβάκτα κήλων,
Πάν.....*

aber schon seit dem 6. Jahrh. auch in Griechenland: Lieblingsname auf einer schwarzfig. Oinochoe des Brit. Mus. (Catalogue 2. 246), Korkyra (IGS 3 no. 704), Thasos (Thas. Inschr. no. 12 II z), *Φαληρεύς* (CIA 2 no. 834 c s, Add.) u. s. f. Die *λαγνεία* der Mäuse ist im Alterthume viel besprochen. Kratinos benutzte die Beobachtung für seine Zwecke:

Φέρε νῦν σοι
ἐξ αἰθρίας κατακνυγοσύνην μυὸς ἀστράψω Ξενοφῶντος

(Meineke 2. 46 fragm. 4). Aber ich bezweifle, dass der Name griechischer Herkunft sei. Wie er am häufigsten in Kleinasien gefunden wird, so geht er ohne Zweifel auch von Kleinasien aus; und zwar von Karien, wo auch die Personennamen *Παναμύης* (Ion. Inschr. no. 238 so), *Χηραμύης* (Ion. Inschr. no. 211), *Μύων* (CIG 2 no. 2771 I ₁), *Μυωνίδης* (IGS 1 no. 420 ω, BCH 10. 488 no. 2 s, 11. 18 no. 17 s und sonst) ihre Heimath haben und die *Μυήσσιοι* wohnen[1].

Aus einem andren Grunde ist nicht ganz sicher, ob die Leute, die
Στροῦθος, Στροῦθις, Στρούθων (8 f.)
heissen, dadurch *ἐπὶ λαγνείαι διαβάλλονται*. Wir haben schon früher gesehen, dass die Benennung vielleicht die Gestalt zum Ausgangspunkte hat. Aber Moister Spatz zählt auch zu den Verehrern des *Ἔρως πάνδημος*. Eine der Schönen, die es nicht über sich vermag der Lysistrate Treue zu halten, wird dabei betroffen, wie sie den *στροῦθος* besteigt, um zu ihrem Eheliebsten zu gelangen — die passendste Fahrgelegenheit, die sie wählen konnte, *καφ' ὅσον τὸ ὄρνεον θερμὸν εἰς συνουσίαν.*

Höchst zweifelhaft ist mir, ob Namen von Lüstlingen an Bezeichnungen des *αἰδοῖον γυναικεῖον* angeknüpft werden. Die Belege, die man für die Genossen des lat. *cunnio* (Rhein. Mus. 52. 394) etwa beibringen könnte, sind alle unsicher. Der wichtigste von ihnen wäre
Σάραβος Plataiai (5. Jahrh.),
wenn er fest stünde. Athennios führt aus einem Satyrdrama des Achaios von Eretria die Zeilen an (p. 173 d)
τίς ὑποκεκρυμμένος μένει
σαραβάκων κοπίδων συνομώνυμι;
Ein Fragment des Poseidippos aber, in dem Plataiai geschildert wird, lautet (Meineke 4. 525):

Ναοὶ δύ' εἰσὶ καὶ στοὰ καὶ τοὔνομα
καὶ τὸ βαλανεῖον καὶ τὸ Σηράμβου κλέος,
τὸ πολὺ μὲν ἀκτή, τοῖς δ' Ἐλευθερίοις πόλις.

Meineke combiniert den Namen des zweiten Verses mit dem *σαραβάκων* des zuerst erwähnten Fragmentes. Indem er für sicher hält, dass die zweite Zeile des Achaios daktylisch gebaut sei, schreibt er bei dem Eretrier *Σαραβίκων*, bei Po-

---

[1] Auch Wilamowitz hält *Μῦς* für ungriechisch: »*Μῦς*, höchstens im Scherze vom Myser an die Maus angeknuelt« Aristoteles und Athen 2. 176¹⁰.

σειδίππου *Σαράβου*; und die letzte Änderung hat dann im Gefolge, dass auch bei Platon Gorg. p. 518b *Σάραβος* statt des überlieferten *Σάραμβος* gelesen werden muss. Hat Meineke mit seinem Vorschlage Recht, so stehn wir vor einem Namen, der durch die Glosse *σάραβος· τὸ γυναικεῖον αἰδοῖον* verständlich gemacht werden kann. Aber Meineke ist hier in die Irre gegangen. Der Name *Σάραβος* müsste in der ersten Silbe eine Kürze aufweisen, da das Appellativum *σάραβος* ein Tribrachys ist: den Beweis liefert die Lautgestalt der Ableitung *σαβαρίχη· γυναικὸς αἰδοῖον* (Photios; die Buchstabenfolge verlangt *σαραβίχη*). Es ist also klar, dass bei Poseidippos die Überlieferung gehalten und dass bei Platon mit leichter Änderung *Σήραμβος* hergestellt werden muss; um so eher, als *Σήραμβος* ein auch durch Inschriften beglaubigter[1]), *Σάραβος* ein bis auf den heutigen Tag unbekannter Name ist. Besteht zwischen dem *Σήραμβος* des Poseidippos und dem *σαραβάκων* des Achaios ein Zusammenhang, so darf der Versuch zu emendieren nur von *Σήραμβος* ausgehn, nicht umgekehrt[2]).

Nach dieser Kritik wird man sich nicht mehr darauf berufen wollen, dass der Megarer, der an Diknioplis seine beiden Ferkel verkauft, dem Namen *Χοῖρος* einen Sinn abzugewinnen gewusst hätte, der seiner schmutzigen Phantasie Ehre gemacht haben würde. Auch nicht darauf, dass neben *Σίλινις* und *Μύρτων* die Appellativa *σίλινον* und *μύρτος* in obscön gewendeter Bedeutung liegen. Da die genannten Namen ohne Unterschied anders interpretiert werden können, so müssen sie nach Lage der Dinge auch anders interpretiert werden.

Frechheit in Handeln und Reden findet ihre Rüge durch die Namen
Λαιδρίας Grabstein in Eretria (*Ἐφ. ἀρχ.* 1892. 146 no. 30);
Λίφανος Grabstein in Tanagra (IGS 1 no. 1177);
Κόρδαξ Ἀχαρνεύς (CIA 2 no. 960)*b*s; 4. Jahrh.).
Die freche Rede ins Besondre durch
Στυμάργης (PseudoHippokr. Epid. 2. 2, 4, 2. 4, 5), wozu
Στομάς (oben 29 f.) vielleicht als Verkürzung gehört.

Λαιδρίας ist vom Herausgeber richtig gedeutet: der Name geht aus von *λαιδρός*. Dies Wort hat Nikander zweimal gebraucht: Ther. 689 *σκύλακας γαλέης ἢ μητέρα λαιδρήν*, Alexiph. 563 *γερύνων λαιδρούς τοκῆας*. An der ersten erklären die Scholien: *λαιδρὴν δὲ τὴν εὐκίνητον καὶ ἀναιδῆ καὶ θρασεῖαν καὶ ἀρπακτικήν*; an der zweiten: *λαιδρούς τοὺς ἀναιδεῖς διὰ τὸ βοᾶν ἀεὶ τῇ φωνῇ τραχυτέρᾳ*. — Zu *Λίφανος* vgl. *λιφός*[3]) bei Alex. Aitol. Apoll. 30 f. (Meineke Anal. Alex. 220):

---
1) Ich kenne ihn aus Aigina (Paus. 6. 10,9), Athen (CIA 4 Suppl. 2 no. 626b 36), Hermion (Smlg. no. 3398 I 14), Tarent (Num. Chron. 1889, 210).

2) Blass vermuthet, dass *Σηραμβικῶν* zu lesen und dies in die vorangehende Zeile zu ziehen sei.

3) Auf einem Steine aus Amorgos hat Dümmler (Mitth. 11. 111 no. 17) ΛΙΡΟΚΛΕΟΣ ΕΩΣ gelesen. Nach seiner Angabe »scheint oben Nichts zu fehlen«. Also doch wol unten und an den Seiten. Ist aber der linke Rand unvollständig, so liegt es nahe [Χ]*αιροκλέος* herzustellen. Ich möchte also nicht wagen mit Hoffmann aus dieser einzigen Quelle einen Namen *Λιφοκλῆς* zu folgern (Beitr. 22. 134).

ἡ δ' ἐπί οἱ λιρὰ νούσα γυνὴ
ἀμφοτέραις χείρεσσι μυλακρίδα λᾶαν ἐνήσει,

und das Verbum λιραίνει. — Den Namen **Κόρδαξ** stelle ich hierher, weil der κόρδαξ zu den lasciven Tänzen gehörte. Bei Theophrast (Charakt. 6. 3) ist es ein Zeichen von ἀπόνοια, wenn jemand νήφων ὀρχεῖται τὸν κόρδακα. — Die Richtung auf die ἀναίδεια, die für στόμαργος charakteristisch ist, kommt Soph. El. 606 f. zum Ausdrucke:

κήρυσσέ μ' εἰς ἅπαντας, εἴτε χρὴ κακὴν
εἴτε στόμαργον εἴτ' ἀναιδείας πλέαν.

Hier liesse sich leicht der Name **Θερσίτας** (21) einreihen.

Der **Streitsüchtige** wird mit dem stössigen Bocke verglichen:
Κορύπτας Iatron (Mus. Ital. 3. 641 no. 55 10).
Vgl. Theokr. 3. 4 f.

καὶ τὸν ἐνόρχαν
τὸν Λιβυκὸν κνάκωνα φυλάσσεο, μή τυ κορύψῃ.

Die Sünde der **Hoffahrt** wird gegeisselt in der Sippe
Γαῦρος Larisa (Smlg. no. 1286 s. 17), Eretria (Pap. of the Amer. School 6. 198 no. 2 s);
Γαῦρις Vasenmaler in Athen (Klein Vaseninschr. mit Meistersign.¹ 213; 5. Jahrh.).
Der Name **Γαῦ[ρο]ς** kommt, wenn man die von Blass herrührende Ergänzung annimmt, als Pferdename auf einer korinthischen Vase vor (Smlg. no. 3129). In dem Bündel Schimpfwörter, womit Alkaios den Pittakos überschüttet (Diog. Laert. 1. 4,s), prangt auch das Adjectivum γαύρηξ (so Menage für γαύριξ nach der Glosse des Hesych γαύρηξ· ὁ γαυριῶν).

Zweifelhaft ist, ob mit
Ὀφρυάδας Larisa (Smlg. no. 1301)
ein *homo supercilioses* gemeint sei. Nach der Glosse ὀφρυάζειν· τὸ τὰς ὀφρῦς ἐπαίρειν καὶ ἀποσεμνύνεσθαι (Bekker Anecd. 1. 53) könnte man dies vermuthen. Aber der Name berührt sich so enge mit dem mythischen **Ὀφρυάδας**, der mit der Augenbraue Nichts zu thun hat, dass man auf jene Erklärung lieber verzichtet.

Dass ein **Undankbarer** mit dem Namen
Κριός

hat gezeichnet werden können, darf man aus dem Sprichworte Κριὸς τροφεῖ' dateisen schliessen, dessen schon früher (37¹) gedacht worden ist. Es trifft sich gut, dass die Grabschrift eines Κριός auf uns gekommen ist, in der ausdrücklich dagegen protestiert wird, dass man von dem Namen auf tadelnswerthen Charakter des Todten schliesse. CIA 2 no. 3880 (4. Jahrh.):

Κριός.

Οὗτος ὃς ἐνθάδε κεῖται ἔχει μὲν τοὔνομα κριοῦ,
φωτὸς δὲ ψυχὴν ἔσχε δικαιοτάτου.

Auf **Hohn und Spott** weisen zwei alte Sippen und ein einzelner Name. Der Wortstamm, der in *σιλλός*[1]) und in dem von Herondas noch der lebendigen Sprache entnommenen Verbum *σιλλαίνω* enthalten ist, hat seit dem 5. Jahrh. auch Personennamen getrieben:

Σίλλαξ ὁ *Ῥηγῖνος*, οὗ μνημονεύουσιν *Ἐπίχαρμος* καὶ *Σιμωνίδης* (Athen. p. 210b);
Σίλλις Σιδώνιος (BCH 4. 146; 3. Jahrh.);
Σίλλιος (Patron.)[*]) Orchomenos (IGS 1 no. 3183 ᵦ; 3./2. Jahrh.);
Σιλλεύς Vater des Apollon. Rhod. (nach Suidas; die Variante *Ἰλλεύς* in den Vitae α und β bei Westermann).

Das lateinische Wort *sanna*, das auf griech. *σάννα* zurückschliessen lässt, bedeutet nach den Scholien zu Pers. Sat. 1. 62 *os distortum cum vultu*: *quod facimus, cum alios deridemus*. Es ist also ein Synonymum von griech. *μῶκος*, nach der Definition, die Simplikios von μῶκος gibt: ὁ μυκτηρισμὸς καὶ ὁ διὰ τοιούτου σχήματος εὐτελισμός (die Stelle aus Jahn, Persius cum schol. antiqu. [1843] 93).
Höhnische Geberde bildet demnach Gegenstand des Vorwurfs in den Namen

Σάννης (belegt *Σάννου* CIA 4 Suppl. 2 no. 834b ₄₄; 4. Jahrh.);
Σανναῖος (Paton-Hicks no. 21 ₁);
Σαννίων in Athen vom 5. Jahrh. an (*Σαννίων Σιμίου* CIA 1 no. 324b ₃₅), Paros ('Ἐφ. ἀρχ. 1892. 70 ₁₀), Iasos (Ion. Inschr. no. 104a ₁₅), Smyrna (ebd. no. 153 ₁₄), Naukratis (CIA 2 no. 3238);
Σάννιος Athen (CIA 2 no. 944 II ₄₂; 4. Jahrh.);
Σαννυρίων Dichter der alten Komödie (Meineke 1. 263).

Kommt für *Σαννίων*, *Σάννιος* etwa auch *σάννιον* · τὸ αἰδοῖον ἀντὶ τοῦ κίρμιον (Hes.) in Betracht?
Für sich steht

Σάρδων in dem Patr. *Σαρδούνειος Thessalion* (Smlg. no. 326 I ₅. ₁₃; 3. Jahrh.).

Ich bringe den Namen mit *σαρδάνιος γέλως* in Zusammenhang; *σαρδάνιος*, *σαρδάζω* sind verwandt mit *σαίρω* (Fick GGA 1894. 245).

Für den **Trotzigen** dürfen vielleicht in Anspruch genommen werden

Στομίος Ἠλεῖος (Paus. 6. 3, ₈; 4. Jahrh.), *Ἀλυζαῖος* (Mitth. 6. 303 Beil. 2 I ₁₉), *Μακιστεύς* (BCH 18. 236 ₃);
Στομίλος Styra (Ion. Inschr. no. 19, ₄₁₃).

Diese Deutung wird durch den Gebrauch von *στόμις* bei Aischylos (fragm. 442 N.²) an die Hand gegeben. Wer freilich in *Στομίος*, *Στομίλος* Synonyma von *στωμύλος* sehen will, der ist nicht zu widerlegen.

---

1) Das Material, das für die Bedeutung von *σιλλός* in Betracht kommt, ist von Wachsmuth (De Timone Phliasio 1) gesammelt.
2) Überl. CIAAIOC.

So weit spiegeln sich die aus der ὕβρις fliessenden Fehler und Laster in den einstämmigen Spitznamen ab. Das Lexikon dieser Namen weiss aber noch von andren Verstössen gegen die σωφροσύνη zu berichten: von Arglist, von wetterwendischem Sinne, von Kriecherei und Feigheit, von Geiz und Diebstahl. Die Namen für den **Arglistigen** fallen mit denen für den Durchtriebenen zusammen, die schon früher (56 f.) behandelt sind. Ich will hier nur daran erinnern, dass σισυφίζειν für πανουργγεύεσθαι καὶ δολιεύεσθαι καὶ δολίως τι πράττειν gesagt wird (Bekk. Anecd. 1. 64), dass Aischines den Demosthenes als ὁ Σίσυφος ὅδε bezeichnet (2. 42), dass Demosthenes den Aischines als κίναδος οὐδὲν ἐξ ἀρχῆς ὑγιὲς πεποιηκὸς οὐδ᾽ ἐλεύθερον und als einen αὐτοτραγικὸς πίθηκος charakterisiert (18. 242). Die letzte Wendung führt uns auf den Namen

Πίθηκος (18),

der Spitzname für einen boshaften, arglistigen Menschen sein kann. Ein Sprichwort lautet Πίθηκος ὀμφακας σιτούμενος, ein andres Πιθήκωι πάτταλον (Makar. 7. 14. 15); beide haben die πονηρία des widerlichen Gesellen im Auge. Bei Semonides wird das Weib, das δήνεα πάντα καὶ τρόπους ἐπίσταται, ὥσπερ πίθηκος, das τοῦθ᾽ ὁρᾷ

καὶ τοῦτο πᾶσαν ἡμέρην βουλεύεται,
ὅπως τιν᾽ ὡς μέγιστον ἔρξειεν κακόν,

(fragm. 7. 71 ff.) als μέγιστον κακὸν aus dem Affen erschaffen. Der junge Taugenichts. der bei Herondas (3. 40 f.) ὅκως τις καλλίης κάτω κύπτων mit ausgespreizten Schenkeln auf dem Dache sitzt, ist ein leuchtendes Beispiel der κακοήθεια (Crusius Unters. zu den Mimiamben d. Her. 64). Die πανουργία des Affen äussert sich aber hauptsächlich darin, dass er πιθηκίζει (Wespen 1290); davon soll bald die Rede sein[1]).

Den **wetterwendischen** Sinn haben die Athener mit einem witzigen Beinamen gekennzeichnet: sie nannten den Theramenes Kothurn, ὡς ἀμφοτέροις πειρώμενον ἁρμόττειν (Xenoph. Hell. 2. 3, 41). Der Philosoph Dionysios von Herakleia erhielt von seinen alten Gesinnungsgenossen, als er den Curs wechselte, den Spitznamen ὁ Μεταθέμενος (Athen. p. 281 d). Aus einer in solchem Sinne gedachten ἐπίκλησις könnte auch der früher (44) erwähnte Name

Χαμαιλέων

erwachsen sein. Das Sprichwort Χαμαιλέοντος εὐμεταβολώτερος (GCL 3. 32) erhält in Plutarchs Charakteristik des Alkibiades (23) eine lehrreiche Anwendung. Hier muss auch des Namens

Ἰκτῖνος (27)

Erwähnung geschehen. Theogn. 1261 f. wird ein Knabe so angeredet:

ἰκτίνου γὰρ ἔχεις ἀγχιστρόφου ἐν φρεσὶν ἦθος,
ἄλλων ἀνθρώπων ῥήμασι πειθόμενος.

---

1) Auch dem Rebhuhne wird κακοήθεια καὶ πανουργία vorgeworfen, und manche Jagdgeschichte ergeht sich darüber (vgl. Athen. p. 389 b). Auf die List, mit der es angeblich dem Jäger entrinnt, spielt Aristophanes Vög. 706 ff. an.

Wer als **Schmeichler** anrüchig geworden ist, für den stehn einige theilweise recht drastische Bezeichnungen in Bereitschaft. Er kann genannt werden
Θωπίας Φυστατος (Smlg. no. 1949 ₁₄; 2. Jahrh.);
Σαίνων Telos (Smlg. no. 3488 I ₁₀);
vgl. Pind. Pyth. 2. 82
ὅμως μὰν σαίνων ποτὶ πάντας ἀγὰν πάγχυ διαπλέκει.
Er kann aber auch mit dem Kahne verglichen werden:
Λέμβος Theben (IGS 1 no. 3645; 5. Jahrh.);
oder mit dem Affen:
Πίθακος, Πίθων und vielleicht Πίθυλλος (18).

Den Schlüssel zum Verständnisse des ersten Vergleiches gibt der Vers des Anaxandrides an die Hand
ὅπισθεν ἀκολουθεῖ κόλαξ τοι, λέμβος ἐπικέκληται.
Ein Herakleides aus Oxyrhynchos führt den Beinamen ὁ Λέμβος, angeblich, weil er einen Λεμβευτικὸς λόγος geschrieben hat (Diog. Laert. 5. 6, ₁). Dass der Affenname hier richtig untergebracht ist, lehrt der Sprachgebrauch. Aristophanes gedenkt (Frösche 1085 f.) der δημοπιθήκων ¹) ἐξαπατώντων τὸν δῆμον ἀεί, und verwendet Ritt. 887 πιθηκισμοῖς im gleichen Sinne wie drei Zeilen später θωπείαις. Platon fragt in der Πολιτεία: Κολακεία δὲ καὶ ἀνελευθερία (ψέγεται) οὐχ ὅταν τις τὸ αὑτὸ τοῦτο, τὸ θυμοειδές, ὑπὸ τῶι ὀχλώδει θηρίωι ποιῆι, καὶ ἕνεκα χρημάτων καὶ τῆς ἐκείνου ἀπληστίας προπηλακιζόμενον ἐθίζηι ἐκ νέου ἀντὶ λέοντος πίθηκον γίγνεσθαι; (p. 590 b). Auch Pindar scheint mit den Worten καλός τοι πίθων, παρὰ παισὶν αἰεὶ καλός (Pyth. 2. 72) vor dem Schmeichler warnen zu wollen. Wenn man nun sieht, dass in Kyrene ein Τιμόλας einen Πίθακος zum Vater hat, so liegt der Gedanke nahe, dass Πίθακος Spitzname für einen Mann sei, dessen politische Gesinnung sich in dem Namen ausspricht, den er seinem Sohne gegeben hat, also mit dem δημοπίθηκος des Aristophanes gleichen Inhalt habe.

Ein **feiger** Mann, der seine Gesinnung durch Laufen an den Tag legt, findet seine Thätigkeit bezeichnet durch den Namen
Δράπυς Thespiai (IGS 1 no. 1888 σ ₁₁; 5. Jahrh.),
den man als Verkürzung von δραπέτης fassen darf.
Bei den Griechen hat die Wachtel im Rufe eines feigen Thieres gestanden. Dies ersieht man aus den Worten des Antiphanes (Meineke 3. 4 fragm. 3):
ὡς δὴ σύ τί
ποιεῖν δυνάμενος ὀρτυγίου ψυχὴν ἔχων;
Also kann in den Namen
Ὄρτυ(ξ) Parion (Mitth. 9. 01 no. 4 ₈; spät);
Ὀρτυγίων Eretria (Ἐφ. ἀρχ. 1895. 139 Π ₁₄₆)

---

¹) Vgl. δημοκαλλί[π]ας· τοὺς περὶ τὰ δημόσια ἀναστρέφοντας (Hes.), nach Meineke 4. 635 fragm. 114.

der Vorwurf der Feigheit eingeschlossen sein. — In dem gleichen Rufe hat der Kuckuck gestanden (54 [1]). Also müssen an dieser Stelle auch erwähnt werden Κόκκυψ und Κοκκουβίας (54).

Der Geizhals empfängt seinen Lohn in der Sippe Κνίφων Κικροκίδος φυλῆς (CIA 4 Suppl. 1 no. 446a II 14; 5. Jahrh.);
Γνιφωνίδης Θοραιεύς (CIA 2 no. 944 IV 14; 4. Jahrh.);
Κνιφᾶς Megara (IGS 1 no. 27 4; 3. Jahrh.).

Als Dieb ist der Rabe verrufen. Kratinos rechnet sich zum Ruhme an, dass er (Meineke 2. 63 fragm. 3)
τοὺς κόρακας τὰξ Αἰγύπτου χρυσία κλέπτοντας ἔπαυσεν [1]).
Die gleiche Klage wird gegen den Falken erhoben:
οὐχ ὁρᾷς ὅτι
ἰκτῖνος εἴς ἂν τοῦτό γ' οἴχοιθ' ἁρπάσας;
(Aristoph. Vögel 891 f.). Man sieht also, dass die Namen
Κόραξ und Ἰκτῖνος,
die bei früheren Gelegenheiten (27. 28. 42. 67) herangezogen worden sind, eine ganze Reihe von Deutungen zulassen [2]). Wenn auf einem Krater zwei Krieger die Beischriften Λύτος und Φόραξ tragen (Kretschmer Vaseninschr. 101), so erklärt von diesen Charakternamen der eine den andren.

Zum Schlusse noch ein paar Namen, in denen der Vorwurf der Nichtsnutzigkeit in ganz allgemeiner Form erhoben wird.
Λοίμων (Γλαυκίδης Λοίμωνος CIA 2 no. 3570).
Vgl. Demosth. 25. 80 .... αὐτὸς ὢν ἐπίληπτος πάσῃ πονηρίαι. Οὗτος οὖν αὐτὸν ἐξαιρήσεται, ὁ φάρμακος, ὁ λοιμός, ὃν οἰωνίσαιτ' ἄν τις μᾶλλον ἰδὼν ἢ προσειπεῖν βούλοιτο. Der Gemüthsmensch, der des Namens Λοίμων gewürdigt ward, besitzt kein Ethnikon; es handelt sich ohne Zweifel um einen Freigelassnen.
Κώνωψ Φρύξ (CIA 2 no. 3404).
Μύωψ (CIA 2 no. 3832 s; der Mann hat kein Ethnikon.
Wie diese beiden Namen verstanden werden müssen, lässt bereits das Attribut ἀναιδής vermuthen, das die κώνωπες AP 5 no. 151 1 erhalten. Gewisheit verschafft Büchelers Bemerkung zu der Ψύλλα des Herondas: Pulex cur nomen sit servae, eloquitur Plautus Curc. 501. Die Stelle redet eine deutliche Sprache:
Item genus est lenonium inter homines meo quidem animo
Ut muscae culices cimices pedesque pulicesque:
Odio et malo et molestiae, bono usui entia nulli.

---

1) ἔπαυσεν Meineke, überl. ἔπαυσαν.
2) Auch mit Κολοιός könnte ein Dieb gemeint sein: ὁ κολοιὸς ἀλλοτρίοις πτεροῖς ἀγάλλεται (Luk. Ἀπολογία 4).

Drittes Capitel.

Der Mensch als Glied der Gesellschaft.

I. Sociale Stellung.

Dass in einer Gemeinschaft, die so streng auf ebenbürtige Abstammung ihrer Mitglieder hielt wie die der Bürger der einzelnen griechischen Städte, das Herkommen dessen, der irgendwie eine Rolle spielen wollte, unter die Sonde genommen ward, ist selbstverständlich. Wie sich das Resultat dieser Untersuchung in der Sprache darstellen kann, mag die Behandlung lehren, die der Tragiker Akestor von der Komödie zu erdulden gehabt hat. In den Vögeln meint Euelpides, als es ihm nicht möglich ist den Weg zu den Geiern zu finden (30 ff.):

ἡμεῖς γάρ, ὤνδρες, οἱ παρόντες ἐν λόγῳ,
νόσον νοσοῦμεν τὴν ἐναντίαν Σάκαι·
ὁ μὲν γὰρ ὢν οὐκ ἀστὸς εἰσβιάζεται,
ἡμεῖς δὲ φυλῇ καὶ γένει τιμώμενοι,
ἀστοὶ μετ' ἀστῶν, οὐ σοβοῦντος οὐδενὸς
35 ἀνεπτόμεσθ' ἐκ τῆς πατρίδος ἀμφοῖν τοῖν ποδοῖν,
αὐτὴν μὲν οὐ μισοῦντ' ἐκείνην τὴν πόλιν
τὸ μὴ οὐ μεγάλην εἶναι φύσει κἀυδαίμονα
καὶ πᾶσι κοινὴν ἐναποτῖσαι χρήματα.

Zu Σάκας bemerken die Scholien: Οὗτός ἐστιν Ἀκέστωρ, τραγῳδίας ποιητής· ἐκαλεῖτο δὲ καὶ Σάκας, διὰ τὸ ξένος εἶναι. Theopompos nennt den Tragiker einen Mysier (Schol. Arist. Wespen 1221), bei Metagenes erscheint er als Σάκας ὁ Μυσός (ebenda):

Ὦ πολῖται δεινὰ πάσχω. — Τίς πολίτης δ' ἐστὶ νῦν
πλὴν ἐφ' ᾗ, Σάκας ὁ Μυσὸς καὶ τὸ Καλλίου νόθον;

Das Ethnikon Σάκας ist also von der Komödie an Stelle des bürgerlichen Namens gebraucht, und um dem Tragödienverfasser das, was sie ihm so entzogen hat, in schönerer Gestalt wiederzugeben, macht sie ihn zum Μυσός.

Unter den vielen Ethnicis, die in der Function von Eigennamen stehn, mag der eine oder andre den gleichen Weg zurückgelegt haben, den Σάκας in der Komödie zurücklegt. Aber nachweisen lässt sich dies in keinem concreten Falle.

Ein Name, in dem ganz offenbar das Herkommen bemängelt wird, ist Τροβολίματος Olymos (Le Bas-Waddington no. 335).

In grösserem Umfange kann der Einfluss des Standes auf die Namengebung vor Augen geführt werden.

Es ist bekannt[1]), dass der Spruch Ἔργον δ' οὐδὲν ὄνειδος, ἀεργίη δέ τ' ὄνειδος (Ἔργα 311) in spätrer Zeit nicht mehr in Geltung gestanden, dass vielmehr jeder Art von Erwerbsthätigkeit ein Makel angehangen hat. Den Grund gibt Sokrates bei Aelian (VH 10. 14) mit den Worten an: ἡ Ἀργία ἀδελφὴ τῆς Ἐλευθερίας. Die Geringschätzung trifft namentlich den Handwerker im engren Sinne: denn die βαναυσικαὶ τέχναι καταλυμαίνονται τὰ σώματα τῶν τε ἐργαζομένων καὶ τῶν ἐπιμελομένων ἀναγκάζουσαι καθῆσθαι καὶ σκιατραφεῖσθαι, ἔνιαι δὲ καὶ πρὸς πῦρ ἡμερεύειν. Τῶν δὲ σωμάτων θηλυνομένων καὶ αἱ ψυχαὶ πολὺ ἀρρωστότεραι γίγνονται. Καὶ ἀσχολίας δὲ μάλιστα ἔχουσι καὶ φίλων καὶ πόλεως συνεπιμελεῖσθαι αἱ βαναυσικαὶ καλούμεναι (Xenoph. Οἶκον. 4. 2, ähnlich Platon Πολιτ. p. 495d). Es ist aber zu beachten, dass der Künstler, insofern er um seinen βίος arbeitet, nicht böher gewerthet wird; daher sagt, wenn auch mit einiger Übertreibung, Παιδεία bei Lukian (Ἐνύπν. 9): εἰ δὲ καὶ Φειδίας ἢ Πολύκλειτος γένοιο καὶ πολλὰ θαυμαστὰ ἐξεργάσαιο, τὴν μὲν τέχνην ἅπαντες ἐπαινέσονται, οὐκ ἔστι δὲ ὅστις τῶν ἰδόντων, εἰ νοῦν ἔχοι, εὔξαιτ' ἂν ὅμοιός σοι γενέσθαι· οἷος γὰρ ἂν ᾖς, βάναυσος καὶ χειρῶναξ καὶ ἀποχειροβίωτος νομισθήσῃ. Bei einem Volke, das so urtheilt, wird es nicht ausbleiben, dass die Verachtung gelegentlich in Spitznamen ausmündet. Und es lässt sich zeigen, dass dies wirklich geschehen ist.

Aus einer Komödie des Kratinos wird der Vers überliefert (Meineke 2. 194 fragm. 52 a)

Πλὴν Ξενίου νόμοισι καὶ Σχοινίωνος, ὦ Χάρων.

Mit Σχοινίων ist der Komiker Kallias gemeint, von dem Suidas berichtet, er habe den Spitznamen Σχοινίων erhalten διὰ τὸ σχοινοπλόκου εἶναι πατρός (Meineke 1. 213).

Ein gleichzeitiger Komiker, Aristomenes, führt den Übernamen Θυροποιός. Sicher wegen seiner oder seines Vaters Beziehung zum Handwerke (Meineke 1. 210 ff.).

Demosthenes spricht von einem κατάρατος Κυρηβίων (19. 207). Wir wissen, dass Κυρηβίων nur ein Spitzname ist: Κυρηβίων ἐπεκαλεῖτο Ἐπικράτης ὁ Αἰσχίνου τοῦ ῥήτορος κηδεστής (Athen. p. 242d). Hierbei denkt gewis jeder an den Politiker Eukrates, der es der Komödie büssen muss, dass er eine Mühle besitzt: Ritter 254 heisst es von ihm

ὥσπερ Εὐφράτης ἔφευγεν εὐθὺ τῶν κυρηβίων,

und die Scholien bemerken dazu: σκώπτει δὲ καὶ τὸν Εὐκράτην ὡς τοιαύτην τέχνην ἔχοντα. Ἐν ἄλλοις γοῦν φανερωτέρως φησὶ

Καὶ σὺ κυρηβιοπώλα Εὐκράτης στύππαξ[2]).

Einen ausgezeichneten etymologischen Witz enthält der fingierte Name Πηλεύς bei Philetairos (Meineke 3. 293):

---

1) Die in diesem Abschnitte benutzten Stellen sind den Privatalterthümern von Hermann-Blümner (389 ff.) entnommen.

2) Στύππαξ ἐκαλεῖτο διὰ τὸ στυππειοπώλην εἶναι, Schol. Ritter 129.

Πηλεύς; ὁ Πηλεὺς δ' ἐστὶν ὄνομα κεραμέως,
ξηροῦ λυχνοποιοῦ, Κανθάρου, πενιχροῦ πάνυ,
ἀλλ' οὐ τυράννου νὴ Δία.

Der Komiker bringt den Peleus, wie mancher moderne Etymolog der es ernsthafter meint, mit πηλός in Zusammenhang: so hat er es leicht vom Gemahle der Thetis auf den Lampenfabrikanten zu kommen.

Diese Beispiele, die den vom Handwerke hergenommenen Namen in der Function des Spitznamens zeigen, sind lehrreich für die Beurtheilung andrer, die den gleichen Ursprung vermuthen lassen, neben denen aber ein zweiter Name nicht überliefert ist, der als der bürgerliche gelten könnte. Als solche verdienen Erwähnung

Stypax Cyprius, Künstler zur Zeit des Perikles (Plin. Nat. Hist. 34. 81; vgl. Mitth. 16. 153);

Κεράμων, reicher Industrieller bei Xenophon (Mem. 2. 7, 2), ταμίας τοῖν θεοῖν (CIA 4 Suppl. 2 no. 834b II 81);

Κύρηβος, ἀρτοποιός bei Xenophon (Mem. 2. 7, 6);

Μυλωθρός, Vater eines θωρακοποιός Στέφανος (CIA 4 Suppl. 2 no. 611 b 24 ff.; 4. Jahrh.);

Γροφεύς, θυμελοποιός in Epidaurus (Ἐφ. ἀρχ. 1892. 73 ιπε; 4. Jahrh.).

Der erste Name ist, wie schon Keil ausgesprochen hat (Anal. epigr. et onomatol. 219), identisch mit dem von Aristophanes gebrauchten Spitznamen des Politikers Eukrates. Vermuthlich also ist der Vater des Künstlers ein στυππειοπώλης gewesen. Die Namen *Κεράμων* und *Κύρηβος* könnten ebenso verkürzte Composita vorstellen[1]), sei es, dass diese wirklich die Geltung von Namen gehabt, wie 'Ἑρμάξοος in Pheneos (CGC Pelop. 196 no. 25; 146—31 v. Chr.), sei es, dass sie als Vollnamen nur vorgeschwebt haben. Und da wir aus Nikobulos die Zunft der μυστριοπῶλαι kennen lernen (Meineke 2. 852 fragm. 1 a), so könnte der S. 60 erwähnte *Μύστρων* auch einen Löffelverkäufer oder eines Löffelverkäufers Sohn vorstellen[2]). Keine Verkürzung haben jedenfalls die Namen *Μυλωθρός* und, wie ich gegen BKeil (Mitth. 20. 420[1]) glaube, *Γροφεύς* durchgemacht.

Wir können aber noch etwas weiter gelangen. Einem gewissen Lamios heftete die Komödie die Spottnamen ὁ Πρίων, ὁ Πέλεκυς an, weil er als armer Mann vom Holzmachen leben musste (Meineke 4. 643 fragm. 156. 157). Das Werkzeug also, das der Erwerbende gebraucht, wird ihm zum Beinamen. Von da bis zur Verdrängung des bürgerlichen Namens durch die ἐπίκλησις pflegt es nicht weit zu sein. Ich glaube ein paar Beispiele dafür zur Verfügung zu haben, dass der Schritt wirklich erfolgt ist.

Σμίλις Bildhauer aus Aigina (Paus. 7. 4, 4; 6. Jahrh.);

---

1) *Κύρηβος* mit ähnlicher Reducierung des Stammausganges wie Ἀσκλακος, Ἀσκλάπων neben Ἀσκλαπιό-δωρος.
2) Was bedeutet der Name Σκάφων? Ich habe ihn aus Styra (Ion. Inschr. no. 19, 808; 5. Jahrh.), Athen (Ἐφ. ἀρχ. 1896. 27 no. 6 4), Eretria (Ἐφ. ἀρχ. 1895. 157 II 123, 126) notiert.

Τόρων Bildhauer aus Argos (Mitth. 20. 213 no. 4 s).
Neben Σμίλις liegt σμίλη, neben Τόρων liegt τόρον, nach Hesych Bezeichnung eines λιθ(οκοπ)ικὸν σκεῦος. Ist es Zufall, dass Name des Künstlers und Name des Instrumentes in so enger Beziehung stehn? Ist es keiner, so trägt auch Σμίλων auf Thasos (Thas. Inschr. no. 20 I 14; 3. Jahrh.) seinen Namen darum, weil in seiner Familie mit der σμίλη[1]) gearbeitet ward, Γρίπος in Delphi (Smlg. no. 2100 s, 2150 s; 1. Jahrh.) den seinigen darum, weil er, wie der Gripus bei Plautus, mit dem γρίπος umzugehn wusste (Baunack zu der ersten Stelle), und vielleicht auch Κάνων aus Thespiai (CIA 4 Suppl. 2 no. 1054 g A ss, B 11; 4. Jahrh.) den seinigen darum, weil der κανόν zu seinem Handwerkszeuge gehörte: der Mann der angeführten Urkunde hat die Lieferung von Steinen bestimmten Umfanges übernommen[2]).

Die Namen, die einen rein geistigen Beruf zur Voraussetzung haben, sind dünn gesät.

Semos bei Athen. p. 622 b berichtet von den Stegreifdichtern, die zuerst αὐτοκάβδαλοι, später, wie ihre Gedichte, ἴαμβοι genannt worden seien. Nun kennen wir den Namen Ἴαμβος als Beinamen des Grammatikers Dionysios durch Athenaios (p. 284b). Aber auch als Namen des Vaters eines Schauspielers, der im 2. Jahrh. zu Iasos aufgetreten ist:

Εὐκλῆς Ἰάμβου (Le Bas-Waddington no. 264).

Ohne Zweifel hatte Ἴαμβος selbst zur Zunft der ἴαμβοι gehört und von ihr seinen Namen empfangen.

Die Geringschätzung gegen den bezahlten Lehrerberuf kommt zum Ausdrucke in der Schaffung des Namens

Διδασκαλώνδας ὁ Κρής (Polyb. 16. 37, 8; 3. Jahrh.).

Wer der Nothwendigkeit sich den Lebensunterhalt zu beschaffen enthoben sein wollte, musste über ausreichendes Vermögen verfügen. Daher die Werthschätzung des Besitzes, und die Verachtung der Armuth: Πενία δ' ἄτιμον καὶ τὸν εὐγενῆ ποιεῖ lautet ein Spruch des Menander. Die Verachtung, in der der Arme steht, kann auch aus der Namengebung constatiert werden. Sie ist wahrzunehmen in

---

1) die übrigens eine weite Bedeutung hat; vgl. z. B. Herond. 7. 119 εἴ τις πρὸς ἴχνος ἠμύησε τὴν σμίλην, vom σκυτεύς.
2) Die Erklärung ist nicht sicher. Bei Hippokrates (Περὶ ἀέρων 24) heisst es: .... οὗτοι δὲ μεγάλοι μὲν οὐκ ἂν εἴησαν οὐδὲ κανονίαι, ἐς εὗρος δὲ πεφυκότες καὶ σαρκώδεις. Und AP 11. 120 lesen wir von einem Huckligen, der mit Gewalt gerade gemacht werden sollte: τέθνηκεν, γέγονεν δ' ὀρθότερος κανόνος.

Σκίτων Sklave des Demokles aus Kroton (Herod. 3. 130; 6. Jahrh.); κναφεύς τις καὶ εὐτελὴς ἐπὶ πονηρίαι παρῳδούμενος (Schol. Aristoph. Ritter 635); Λίβειρος Thespiai (IGS 1 no. 1888 a 10; 5. Jahrh.). Zur Erklärung des ersten Namens besitzen wir nur die dürftige Notiz des Photios: σκίτων (überl. σκιτών)· ἀσθενής· ἄξιος οὐδενός· οὕτω Φερεκράτης. Man bringt das Wort seit alter Zeit mit den Σκιταλοί zusammen, die der Wursthändler mit andern Genien der ἀναίδεια anruft (Ritter 635). Ob mit Recht, muss unentschieden bleiben. — Besser sind wir mit dem zweiten Namen daran. Er muss aus dem Sprichworte gedeutet werden, das in verschiednen Variationen umgelaufen ist. In der Recension des Zenobios, die Miller entdeckt hat, erscheint es in der Gestalt Πτωχότερος λιβηρίδος und wird so interpretiert: 'Επὶ τῶν πάνυ κινήτων καὶ ἀσθενῶν εἴρηται ἡ παροιμία· λιβηρὶς γὰρ τοῦ ὄφεως τὸ γῆρας ἀσθενὲς καὶ ἄχρηστον καὶ κενόν (Mélanges 354). Ein Mann also, dem Nichts gehört, wird dem abgestreiften Schlangenbalge verglichen, in dem nur die Löcher für die Augen sitzen. Die Form des Namens macht keine Schwierigkeit: zu λιβηρίς verhält sich Λίβηρος wie der Name des Künstlers Κίνχραμος (44) zu κιγχραμίς.

Für die Leute, die kein Herkommen oder keine vornehme Lebensthätigkeit oder kein Geld oder überhaupt Nichts haben, besitzt die Sprache die Gattungsbezeichnung συρφετός, σύρφαξ. Zum Kehricht also gehörte Σύρφαξ Ephesos (Arr. Anab. 1. 17, 12; 4. Jahrh.).
Vielleicht wohnt der gleiche Sinn dem Namen
Μόθων Branchidai (Anc. Gr. Inscr. no. 924 C 40; der Vater heisst Βασιλίδης) [1])
inne: μόθων ist in Sparta der Sohn des Vollbürgers mit einer Helotin, also ein minderwerthiger Mann, dessen Bezeichnung für Aristophanes schon den Sinn von φέναξ hat (Plut. 279).

II. Lebensführung.

Die Gemeinschaft, deren Mitglied der Einzelne ist, verlangt von ihm, dass er sich nach der jeweils herrschenden Weise bei Einrichtung seiner Lebensführung richte. Erlaubt er sich seinen eignen Geschmack zu haben, so setzt er sich der Gefahr aus die Selbstständigkeit durch einen Spitznamen bescheinigt zu erhalten.
Die Abnormität kann in dem Zuschnitte der gesammten Lebenseinrichtung wie in einzelnen Liebhabereien gefunden werden.

---

[1] Der bei Paus. 2. 22, 7 überlieferte Μόθων hat leider nicht Stich gehalten: Löwy Inschr. griech. Bildhauer no. 86.

Perikles rühmt seinen Landsleuten nach, dass sie es verstünden φιλοκαλεῖν
μετ' εὐτελείας. Einfache Eleganz gilt in den besten Zeiten des Griechenthums
als Norm der Lebensführung. Nach zwei Seiten hin wird gegen sie verstossen:
die Eleganz emancipiert sich von der Einfachheit, und die Einfachheit versäumt
sich die Eleganz zur Begleiterin zu wählen.
Die der Einfachheit entkleidete Eleganz führt zur Schwelgerei. Von
schwelgerischem Lebenswandel sprechen die Namen
Θίβρος Kyzikos (Mitth. 10. 205);
Θίβραχος Polemarch der Lakedaimonier (Xenoph. Hell. 2. 4, ω);
Θίβρων Harmost der Lakedaimonier (Xenoph. Hell. 3. 1, ₄), Thes-
salien (CIA 2 no. 88 ₁₀, vgl. Smlg. no. 326 II ₁₁), Koch in
Athen (Meineke 4. 589).
Die Scholien zu Nik. Ther. 33 führen aus Kallimachos Θιβρῆς Κύπριδος ἁρμο-
νίης an, aus Euphorion Θιβρήν τε Σεμίραμιν. Bei Hes. die Glossen θιβρήν· φι-
λόποσμον, ἁβρυντικήν (ἁρρυντ. cod.), ὑπερήφανον, καταφερῆ, καὶ θρασεῖαν; θιβρόν·
τρυφερόν. καλόν. σεμνόν. ἁπαλόν.
Βαῦκος Eretria (Εφ. ἀρχ. 1895. 135 I ₃);
Βαῦκις Trozen (Paus. 6. 8, ₄; 4. Jahrh.);
Βαυκιδεύς ἐκ Κεραμέων (CIA 2 no. 1620 d Add.);
Βαύκων Styra (Ion. Inschr. no. 19, π; 5. Jahrh.).
Araros verbindet im Καμπυλίων (Meineke 3. 275) βαυκά, μαλακά, τερπνά, τρυ-
φερά. — Βαυκιδεύς wie Μαιαδεύς bei Hipponax (fragm. 16; vgl. Fick Beitr. 11.
266), Ἐρωτιδεύς Anacreont. 33. 13.
Μάλακος Μακεδών (IGS 1 no. 414 ₁₀; 4. Jahrh.), Andros (Mitth.
1. 236 ₃), Verfasser von ὅροι Σιφνίων (Athen. p. 267 a);
Μαλάκων Ἡρακλεώτης, ὑπὸ Σελεύκωι ταττόμενος (Memnon bei
Müller Fragm. Hist. Gr. 3. 532), Henkel unbekannten Ur-
sprungs (Becker Jahrb. f. Phil. 5. 471 no. 47).
Vgl. ὁ μαλακὸς Ἀπολλώνιος Strabon p. 660.
Χλίθων Theben (Plut. Pelop. 8; 4. Jahrh.), διάκονος eines θίασος
zu Trozen (BCH 17. 120 no. 35 ₄).
Vgl. Plat. Symp. p. 197 d τρυφῆς, ἁβρότητος, χλιδῆς, χαρίτων, ἱμέρου, πόθου πατήρ.
Τρύφων etwa von der Mitte des 2. Jahrh. an; die ältesten mir
bekannten Belege sind BCH 11. 87 I ₃ (Apollonis; vielleicht
noch aus dem 2. Jahrh.), IGS 1 no. 3224 II ₆ (Orchomenos).
Den Beinamen ὁ Τρύφων führte der vierte Ptolemäer.

Zum Luxus der Lebensführung ward bei Männern der Gebrauch wolrie-
chender Salben gerechnet. Als Zeugnis dafür kann das Verhalten des Sokrates (Xenoph. Symp. 2. 2 f.) gelten, der das Gewähren des μύρον mit den
Worten ablehnte: ὥσπερ γάρ τοι ἐσθὴς ἄλλη μὲν γυναικί, ἄλλη δὲ ἀνδρὶ καλή,
οὕτω καὶ ὀσμὴ ἄλλη μὲν ἀνδρί, ἄλλη δὲ γυναικὶ πρέπει. Καὶ γὰρ ἀνδρὸς μὲν δή-
που ἕνεκα ἀνὴρ οὐδεὶς μύρωι χρίεται. ... Der ἄρεσκος ist nach Theophrast an

der Gewohnheit kenntlich κλεισάκις ἀποκείρασθαι καὶ τοὺς ὁδόντας λευκοὺς ἔχειν καὶ τὰ ἱμάτια δὲ χρηστὰ μεταβάλλεσθαι καὶ χρίσματι ἀλείφειν (Charakt. 5. 6). Namen also, die eine Anspielung auf den Gebrauch von Salben enthalten, dürfen unbedenklich als ehemalige Spitznamen betrachtet werden.

In erster Linie gehören hierher die Namen, die auf das Wort μύρον aufgebaut sind.

Μύρων Sikyon (Herod. 6. 126; 7. Jahrh.), Φλιεύς (Plut. Solon 12),
Βοιώτιος ἐξ Ἐλευθερῶν (Polemon bei Athen. p. 486d), Πριηνεύς (Athen. p. 271f);
Μυρωνίδης seit dem 5. Jahrh. in Athen (Thuk. 1. 105, 4), *Μυρωνίδας* Epidauros (Ἐφ. ἀρχ. 1892. 76 160);
Μύρις Rhodos (IGI 1 no. 799, 800; 4./3. Jahrh.).

Nach Theophrast (Περὶ ὀσμῶν 6. 27) Ἅπαντα συντίθενται τὰ μύρα, τὰ μὲν ἀπ' ἀνθῶν, τὰ δὲ ἀπὸ φύλλων, τὰ δὲ ἀπὸ κλωνός, τὰ δ' ἀπὸ ῥίζης, τὰ δ' ἀπὸ ξύλων, τὰ δ' ἀπὸ καρποῦ, τὰ δ' ἀπὸ δακρύων. Die Blüthe enthält τὸ ῥόδινον καὶ τὸ λευκόϊνον καὶ τὸ σούσινον . . . ., ἔτι δὲ τὸ σισύμβρινον καὶ τὸ ἑρπύλλινον, καὶ ἡ κύπρος καὶ πρὸς τούτοις τὸ κρόκινον. Diese Stelle verbreitet nicht nur Licht über Frauennamen wie Σισύμβριον, Ἑρπυλλίς, sondern auch über den männlichen Namen

Σισύμβρινος,

den der Vater des Lasos von Hermion geführt haben soll (*Λᾶσος Χαρμαντίδου ἢ Σισυμβρίνου ἢ, ὡς Ἀριστόξενος, Χαβρίνου Ἑρμιονεύς*, Diog. Laert. 1. 1, 14), der aber sicher nur Spitzname gewesen ist (Crusius Unters. zu d. Mimiamben d. Herondas 46***). In die Atmosphäre der Dame *Σισύμβριον* passen vorzüglich die Ahnen des κορνοβόσκος Battaros, Grossvater *Σισυμβρᾶς* und Vater *Σισυμβρίσκος* (Crusius a. a. O.).

Weiter müssen hier die Leute erwähnt werden, als deren Ideal der Parasit Demokles gelten kann, der uns durch Anaxandrides (3) vorgestellt wird:

λιπαρὸς περιπατεῖ Δημοκλῆς, ζωμὸς κατωνόμασται.

Als solche Fettbrühen können bezeichnet sein [1])

Λίπαρος Thespiai (IGS 1 no. 1888c1; 5. Jahrh.), Keos (Pridik De Cei ins. reb. 160 no. 39), Orchomenos (ebenda no. 3179 b);
Λιπαρίων Λιπάρου Keos (Pridik a. a. O.); 4. Jahrh.;
Λιπάρων Κυδαθηναιεύς (CIA 2 no. 1024 b; 4. Jahrh.).

Der entgegengesetzte Fehler ist der Mangel der φιλοκαλία; sein Resultat kann schmutzige Lebensweise sein. Dieser Art sich mit dem Tage abzufinden sind einige recht deutliche Namen gewidmet.

---

[1]) Den Namen der nächsten Sippe ist nicht anzusehen, wie weit sie tadelnden Sinn haben. Sie können sich inhaltlich auch mit *Σφρίγων* (Thespiai, IGS 1 no. 1888f 10) berühren, einem Namen, der nach Arist. Lys. 80 ὡς δ' εὐχροεῖς, ὡς δὲ σφριγᾷς τὸ σῶμά σου zu deuten ist.

Φόρυς Μιλιτεύς (CIA 2 no. 798*b* ιι; 4. Jahrh.), Eretria ('Εφ. άρχ. 1892. 137 ε);
Φόρυλλος Thasos (Thas. Inschr. no. 5 ε; 5. Jahrb.);
Φορύσκος Λευκονοιεύς (CIA 2 no. 1001 ε), Orchomenos (IGS 1 no. 2724 ε; 3. Jahrh.);
Φορυσκίδης Athen (CIA 2 no. 986 II ιβ; 4. Jahrh.);
Φορύστας Tanagra (IGS 1 no. 530 ι; 3. Jahrh.).
Der Namenreihe liegt das Wort φόρυς zu Grunde, das aus der Glosse φόρυς· δακτύλιος ὁ κατὰ τὴν ἕδραν (Hes.) bekannt ist. Φορύστας ist formell Nom. ag. zu φορύω (vgl. φορυτός).
Ebenso kräftig redet eine zweite Namensippe:
Κόκρων Halikarnassos (Dittenberger Syll. no. 6ετ; 5. Jahrh.), Iasos (Ion. Inschr. no. 104 ιι);
Κόκρις Melos (Mitth. 1.248 no. 9; 4. Periode des melischen Alphabets).
So kräftig, dass noch auf einer späten Grabschrift (Kaibel no. 813), an die WSchulze (Hermes 27. 31) erinnert hat, eine Dienerin sich entschuldigt Κοκρία geheissen zu haben:
Οὔνομα μὲν Μακέταις ἐπιχώριον· οὔνεκα μεμφθῇ
μηδὲ ἑνί· Κοκρίαν μ' ὠνόμασαν γενέται.

Im Unklaren über seinen Werth kann auch der nicht gewesen sein, der zuerst den Namen
Μόλοβρος Sparta (IGA no. 69*b* ε, Thuk. 4. 8, 7)
geführt hat. Das Adjectivum μολοβρός wird in der Odyssee zweimal (ρ 219, σ 26) vom schmutzigen Bettler gebraucht. Was es bedeutet, kann man von Nikander lernen. Von der Pflanze χαμαίλεος heisst es Ther. 662
μέσση δ' ἐν κεφαλῇ δύεται πεδόεσσα, μολοβρή.
Das Haupt der Pflanze verbirgt sich unter den Blättern und liegt auf der Erde (πεδόεσσα vom Scholiasten mit χαμαικετής erläutert). Darum ist es schmutzig, ganz wie das Thier schmutzig ist, dessen Junge μολόβρια heissen: τῶν δὲ ἀγρίων ὑῶν τὰ τέκνα μολόβρια ὀνομάζουσιν· ἀκούσειας δ' ἂν τοῦ Ἱππώνακτος καὶ αὐτὸν τὸν ὖν μολοβρίτην κου (fragm. 77 B.) λέγοντος (Aol. Περὶ ζῴων 7. 47)[1]). Und wie das Pflanzenhaupt schmutzig ist, weil es χαμαικετής ist, so ist das μολόβριον schmutzig, weil es das Sprichwort Ὗς ἐν βορβόρῳ εἰλυσπᾶται nicht Lügen strafen will. — Der Vater des Μόλοβρος heisst 'Εκιτάδης; er scheint als Widerpart seines Sohnes gedacht zu sein.

Speisen und Getränke unterliegen ebenfalls dem wachsamen Auge der Gesellschaft. Man gibt dem Menschen einen Namen nach dem, was er gerne zu sich nimmt.

---
1) Aus dieser Stelle, die aus des Aristophanes Schrift Περὶ ὀνομασίας ἡλικιῶν stammt (vgl. Miller Mél. 431), hat zuerst Düntzer (KZ 14. 197) für die Erklärung des homerischen μολοβρός Nutzen gezogen.

Die Freude an Leckerei soll getroffen werden durch den Namen Χναιάδης ὁ Παλληνεύς (CIA 4 Suppl. 1 no. 373 ¹¹⁹).
Denn Χναιάδης gehört ohne Zweifel zu χνύω, χναῦμα, χναυρός, in denen das Behagen an der Leckerei überall zum Durchbruche kommt. Man ermesse das Wolgefühl, womit der Berichterstatter bei Ephippos seine Erlebnisse schildert:

ἴτρια, τραγήματ' ἧκε, πυραμοῦς, ἄμης,
ᾠῶν ἑκατόμβη· πάντα ταῦτ' ἐχναύομεν

(Meineke 3. 327 f.).

Mehrfach wird von Leuten berichtet, denen aus ihrer Lieblingsspeise ein Spitzname erwachsen ist. So führt der Komiker Platon dem Publicum einen Γλαυκέτης vor, der nach der ψῆττα genannt war (Meineke 2. 652), und der Staatsmann Kallimedon war nicht nur darum für den Übernamen Κάραβος reif, weil er schielte, sondern auch darum, weil zu den Thieren, für die er eine zärtliche Hinneigung verspürte, der κάραβος gehörte (24). Man sieht, dass damit eine neue Quelle von Spitznamen aufgefunden ist. Wer z. B. den Namen Σκάρος deuten will, der muss nicht nur mit der Möglichkeit rechnen, dass Mensch und Meerpapagei wegen einer äusserlichen Ähnlichkeit (Οἴδας Σκάρσιος Smlg. no. 345 ₁₈) ¹) gleichgesetzt worden seien, sondern auch mit der, dass der Mann den Namen des Thieres empfangen habe, nach dem ihn gelüstet:

εἰ δ' ἔλαβον ἀρτίως σκάρον, ἢ 'κ τῆς Ἀττικῆς
γλαυκίσκον, ὦ Ζεῦ σῶτερ, ἢ 'ξ Ἄργους κάπρον,
ἢ 'κ τῆς Σικυῶνος τῆς φίλης ὃν τοῖς θεοῖς
φέρει Ποσειδῶν γόγγρον εἰς τὸν οὐρανόν,
ἅπαντες οἱ φαγόντες ἐγένοντ' ἂν θεοί

lässt Philemon einen Koch sagen, der doch seine Leute kennen musste (Meineke 4. 27 ₁₀ ff.).

Das normale Getränk der Hellenen war bekanntlich der gemischte Wein. Wer Wasser trank, fiel auf, und erweckte bei seiner Umgebung wenig Zutrauen:

Ὕδωρ δὲ πίνων οὐδὲν ἂν τέκοι σοφόν

heisst ein zum Sprichworte erhobner Vers des Kratinos (Meineke 2. 119 fragm. 6). Eine lange Liste von ὑδροπόται hat Athenaios zusammengestellt. In ihr findet man alle die schöne Contrastierung des Demosthenes und Demades (p. 44 f), zu der man die ebenso schöne bei Demosthenes (19. 46) fügen kann: Ἐξαναστὰς δ' ὁ Φιλοκράτης μάλ' ὑβριστικῶς Οὐδέν, ἔφη, θαυμαστὸν ὦ ἄνδρες Ἀθηναῖοι, μὴ ταὔτ' ἐμοὶ καὶ Δημοσθένει δοκεῖν· οὗτος μὲν γὰρ ὕδωρ, ἐγὼ δ' οἶνον πίνω.

Die Komödie setzt nun die Wassertrinker den Fröschen gleich. Bei Pherekrates (Meineke 2. 282 fragm. 4) gibt eine Schöne der Weinschenkin, die ihr δύο ὕδατος πρὸς τέτταρας οἴνου gegossen hat, den entrüsteten Rath

ἔρρ' ἐς κόρακας· βατράχοισιν οἰνοχοεῖν σε δεῖ ²).

---

1) So nach WSchulzes Lesung (Hermes 27. 31).
2) Vgl. Βατράχοι ὕδωρ Zenob. 2. 79.

Und der Adept des Pythagoras bei Aristophon (Meineke 3. 360 f.) wird als ein Mann geschildert, der ὕδωρ δὲ πίνειν βάτραχος sei. So gewinnen wir Einsicht in die Bedeutung ¹) des seit dem 5. Jahrh. nachweisbaren Namens Βράταχος Halikarnassos (Dittenberger Syll. no. 6 d m), Βρόταχος Γορτύνιος (Simonides fr. 127), Ephesos (Anc. Gr. Inscr. no. 454 ı), Pantikapaion (Ion. Inschr. no. 117), Βάτραχος Athen (Lys. 12. 48 und sonst); Βατραχίων Koch in Larisa (Luk. Πρὸς τὸν ἀπαιδ. 21; 3. Jahrh.).

Der Anhänger sitzender Lebensweise bekommt den Spottnamen Διφρίδας Feldherr der Lakedaimonier (Xenoph. Hell. 4. 8, 21). Fick (Curt. Stud. 9. 176) verweist auf die Glosse δίφρις· ὁ ἑδραῖος, καὶ καθήμενος ἀεί, οἷον ἀργός (Hes.); vgl. die vulgäre Redewendung θάλπειν τὸν δίφρον bei Herondas (1. 37).

Endlich unterliegt Alles, was zur äussren Ausstattung gehört, der Kritik: die Haartracht, die Art sich zu kleiden und zu bewegen.
Die Haartracht hat den Ausschlag gegeben bei Schaffung der Namen Κίκιν(ν)ος Thera (7. Jahrh.; mitgetheilt von Dr. Hiller von Gärtringen).
Vgl. Aristoph. Wespen 1067 ff.
  ὡς ἐγὼ τοὐμὸν νομίζω
  γῆρας εἶναι κρεῖττον ἢ πολ-
  λῶν κικίννους νεανιῶν καὶ
  σχῆμα κεὐρυπρωκτίαν.
Da schon Pherekrates (Meineke 2. 355 fragm. 67) Ω ξανθοτάτοις βο[σ]τρύχοισι κομῶν verbindet, Euripides (Phoin. 1485 f.) von einer βοτρυχώδης παρηΐς, Apollonios (2. 679) von πλοχμοὶ βοτρυόεντες spricht, so liegt die Vermuthung nahe, dass der Name Βότρυς Leuten mit Locken gegeben worden sei. Aber Verbindungen wie Βρόμιος Βότρυος (CIA 2 no. 3561), Βότριχος Διονυσίου (Kos; Smlg. no. 3624 c 10) weisen in eine ganz audre Richtung.

Κρωβύλος Dichter der neuen Komödie (Meineke 1. 490 f.); die Heimath andrer Κρωβύλοι, so eines CIA 2 no. 3884 erwähnten χρηστός, ist nicht zu bestimmen.

Κροβίλος Delos (BCH 7. 331).
Der Redner Hegesippos von Athen führte den Spitznamen Κρωβύλος. Bei seinem politischen Gegner Aischines wird er bloss mit diesem genannt. Vgl. Schol. Aeschin. 1. 64 Κρωβύλου καλεῖ τὸν ἀδελφὸν τοῦ Ἡγησάνδρου τὸν Ἡγήσιπ-

Eine andre folgt daraus, dass der Frosch nur Wasser trinkt. Sie ist bei Platon Theait. p. 161 c erkennbar: ἡμεῖς μὲν αὐτὸν ὥσπερ θεὸν ἐθαυμάζομεν ἐπὶ σοφίαι, ὁ δ' ἄρα ἐτύγχανεν ὢν εἰς φρόνησιν οὐδὲν βελτίων βατράχου γυρίνου.

πον τὸν μισοφίλιππον, καθὰ αὐτὸς ἤλειψε τὴν κεφαλὴν καὶ ἐφιλοκάλει τὰς τρίχας. Über das Verhältnis des Haarschopfes, den der Redner dieser Nachricht zu Folge trug, zum altattischen *Κρωβύλος* äussert sich Studniczka (Jahrb. d. Instit. 11. 256) so: »Empfieng Hegesippos den Spitznamen ὁ *Κρωβύλος* wirklich von seiner Haartour, dann hat das Wort damals gewiss eine andere bezeichnet, als bei den Marathonkämpfern«.

Ein Synonymum von *κρωβύλος* ist *κόρυμβος*; es bildet die Grundlage der Namen

Κόρυμβος Σιλανῶ Messene (BCH 5. 152 11 f.; gute Schrift); Grabschrift auf Telos (Smlg. no. 3494), Elis (Olympia 5 no. 59 s), Aphrodisias (CIG 2 no. 2843 1; s. unter *Κάπος*), auch sonst in der Kaiserzeit häufig;

Κορυμβίας Αἰτωλός (Dittenberger Syll. no. 404 ιυ ; 8./2. Jahrh.).

Das Wort scheint aus Ionien zu stammen, »da es nicht nur der Pontiker Herakleides gebraucht, sondern schon Xanthos mit *κόμη κεκορυμβωμένη* und . . . . auch Asios mit den goldenen *κορυμβαί*, d. h. Fesseln des *κόρυμβος*, voraussetzt« Studniczka 255.

Ein drittes Wort, das für das Wörterbuch der Spitznamen Bedeutung gewonnen hat, ist *σκόλλυς*, die *σειρὰ τριχῶν*, die stehn bleibt, wann der Ephebe sein Haupthaar dem Gotte darbringt (vgl. Athen. p. 494 f). Nicht nur der Bergname *Σκόλλις* geht von ihm aus, sondern auch

Σκόλλος in *Σκόλλειος* Pharsalos (Smlg. no. 327 A s).

Der Name könnte einen Kahlkopf verhöhnen, dem gerade noch ein *σκόλλυς* erhalten geblieben ist.

Weiter kommt *κόννος* in Betracht. In zusammenhängender Rede ist das Appellativum nur aus dem Lexiphanes des Lukian nachweisbar: *καὶ γὰρ οὐ κηπίον, ἀλλὰ σκάφιον ἐκεκάρμην ὡς ἂν οὐ πρὸ πολλοῦ τὸν κόννον καὶ τὴν κορυφαίαν ἀποκεκομηκώς* (§ 5). Aus dieser Stelle ist wenigstens das ersichtlich, dass *κόννος* das Haar an einer bestimmten Partie des Hauptes bezeichnen muss. Von den beiden sich widersprechenden Erklärungen, die bei Hesych gegeben werden (*κόννος· ὁ πώγων, ἢ ὑπήνη* und *κοννοφόρων· σκολλιγόφων*), kommt also die zweite dem Sprachgebrauche, den Lukian nachahmt, näher als die erste, für die bisher die Beglaubigung fehlt. Wenigstens annähernd können wir also den Sinn errathen, der den ziemlich alten Namen inne wohnt:

Κόννος ὁ κιθαριστής, ὃς ἐμὲ διδάσκει ἔτι καὶ νῦν κιθαρίζειν (Sokrates bei Plat. Euthyd. p. 272c), Styra (Ion. Inschr. no. 19, 344);

Κοννᾶς verhöhnt von Kratinos (Mein. 2. 222 fragm. 143);

Κοννίων Kolophon (CGC Ionia 37 no. 9; 4. Jahrh.).

Diese Gruppe von Namen wirft auch auf eine Sippe Licht, die bisher ganz abweichend beurtheilt worden ist:

Κᾶπος Thespiai (IGS 1 no. 1888 e 1; 5. Jahrh.);

Κῆπις Athen (Plat. Protag. p. 315 e);

Κακίων, seit dem 3. Jahrh. sehr verbreitet in Böotien (vgl. IGS 1. 782), *Κηκίων* Eretria ('Εφ. άρχ. 1895. 188 III 14); *Κάκων*, seit 300 v. Chr. verbreitet in Böotien (vgl. IGS 1. 782). Im Namenbuche sind diese vier Namen als Verkürzungen eines zweisilbigen Namens aufgefasst. Da aber der einzige, der bisher bekannt geworden ist, *Φιλόκακος*, der Aurelierzeit angehört und durch die Verbindung mit *Κόρυμβος* (*Φιλόκακος Φιλοκάκου τοῦ Κορύμβου* CIG 2 no. 2848 a) selbst Beziehung zu einer bestimmten Haartracht erhält, so scheint es sich um lauter einstämmige Namen zu handeln, zu denen das Tragen des *κῆκος* Veranlassung gegeben hat. Zum *κῆκος* vgl. Schol. zu Aristoph. Vög. 806: *Δύο δὲ εἴδη κουρᾶς, σκάφιον καὶ κῆκος. Τὸ μὲν οὖν σκάφιον τὸ ἐν χρῷ, ὁ δὲ κῆκος τὸ πρὸ μετώπου κεκοσμῆσθαι.* Man beachte, dass die Sippe in Böotien am reichsten vertreten ist, Athen und Eretria nur je einen Beleg beisteuern.

Von Schmuck und Kleidung sind hergenommen:

Φάλαρις Akragas (6. Jahrh.), Tanagra (IGS 1 no. 585 III s), Stratos (IGS 3 no. 594 ı). *Φάλαρις* muss einen Mann bedeuten, der *φάλαρα* trägt. Herodot, Euripides, Xenophon, Polybios verwenden *φάλαρα* nur für den Pferdeschmuck; aber Aischylos wagt *βασιλείου τιάρας φάλαρον* (Perser 658). Den *Φάλαρις* in Tanagra und Stratos könnte man als 'Blesshuhn' deuten und zu den Kahlköpfen rechnen; für den Sohn des Laodamas ist diese Auffassung durch die Quantität des mittlern α ausgeschlossen, die seit Pindar fest steht (Pyth. 1. 96 *ἐχθρὰ Φάλαριν κατέχει παντᾷ φάτις*).

Φόρμος Trierarch der Athener (Herod. 7. 182), Anaktorion (IGS 1 no. 2418 s);

Φόρμις, ὃς ἐκ Μαινάλου διαβὰς ἐς Σικελίαν παρὰ Γέλωνα τὸν Δεινομένους .... (Paus. 5. 27, ı), vielleicht identisch mit dem Komiker *Φόρμις* (Arist. Poet. 5), der bei Suidas *Φόρμος* heisst;

Φορμίων Κροτωνιάτης (6. Jahrh.; vgl. Meineke 2. 1227), Halikarnassos (Ion. Inschr. no. 238 ıs), vom 5. Jahrb. an in jeder griechischen Landschaft nachweisbar.

Zu Grunde liegt *φορμός*, das Kleid des Schiffers: *ὁ δὲ Ἐλπήνωρ ἀμπέχεται φορμὸν ἀντὶ ἐσθῆτος, σύνηθες τοῖς ναύταις φόρημα* (Paus. 10. 29, s).

Βαίτων ὁ Ἀλεξάνδρου βηματιστής (Athen. p. 442 b); *Βαίτ(ει)ς* Grabschrift zu Larisa (Smlg. no. 357); *Βητίδας* Orchomenos (IGS 1 no. 3180 b; 3. Jahrh.). »Von *βαίτη* Hirtenrock aus Fellen .... abzuleiten wie z. B. *Χλαινέας* von *χλαῖνα* Mantel« Fick (KZ 22. 223).

Κόσυ(μ)βος Styra (Ion. Inschr. no. 19, ꜵꜳꜱ; 5. Jahrh.). Wer so hiess, hatte vermuthlich den Chiton mit Fransen verziert. Über *κοσύμβαι* zuletzt Studniczka (Jahrb. d. Instit. 11. 277 f.).

Τρίβων Styra (Ion. Inschr. no. 19, 419; 5. Jahrh.).
Φώσων Thespiai (IGS 1 no. 1888 Α 3; 5. Jahrh.).
Vgl. Poll. 7. 71 ἔστι δὲ καὶ ὁ φώσων χιτὼν Αἰγύπτιος ἐκ παχέος λίνου.
Χλαινέας Aetolien (Polyb. 9. 31, 1; 3. Jahrb.).
Σίσυφνος Phoitiai (Fouilles d' Épid. 1 no. 243).
Vgl. Schol. Aristoph. Wespen 778 σισύραν: Σισύρα καλεῖται παρὰ μέν τισιν ἡ βαίτη· ἔστι δὲ περιβόλαιον ἐκ δερμάτων συνερραμμένων προβατείων ἐχόντων τὰ ἔρια· οἱ δὲ ἀκριβέστεροί φασι χλαῖναν παλαιὰν εἶναι ἁπλοῖδα. Τὴν αὐτὴν δὲ καὶ σισύραν καλοῦσι καὶ σίσυρναν.

Eine Reihe von Namen bezeichnen den Mann nach den Waffen, die er mit Vorliebe trägt. So

Θώραξ Larisa (Pind. Pyth. 10. 64; 6. Jahrb.), Λακεδαιμόνιος (Xenoph. Hell. 2. 1, 18), Βοιώτιος (Anab. 5. 6, 19), Hierapytna, Oleros (Mus. Ital. 3. 617 no. 37 13, 640 no. 54 8); Θώρηξ Styra (Ion. Inschr. no. 19, 108).

Θωρακίδης Κορίνθιος (CIA 3 no. 2523; der Sohn heisst Μενέστρατος).

Als Beiname fungiert Θώραξ auf der Inschrift von Patara CIG 3 no. 4295: Πτολεμαίου δὶς τοῦ καὶ Θώρακος.

Γόρυτος Paros (CIG 2 no. 2378 s).

Die Erklärung schon bei Böckh in der Addenda: »Nomen proprium Γόρυτος nota ex appellativo γωρυτὸς traductum esse«.

Στύραξ Χίος (Mittb. 19. 399 III 5)[1]), Fabrikant auf Rhodos (Dumont 109 no. 238), Aigion ('Εφ. ἀρχ. 1884. 89 no. 4; spät).
Im Κυνηγετικός des Xenophon wird der Hundename Στύραξ zwischen Πόρπαξ und Λόγχη erwähnt (7. 5). Da der Chier Στύραξ Vater eines Σύμμαχος, der Aigieer Vater einer Ἀλκαινέτη ist, habe ich vorgezogen den Mannesnamen ebenso zu deuten, wie der Hundenamen gedeutet werden muss. An sich hat die Auffassung, Στύραξ sei ein nach Weihrauch duftender Mann, gleiche Berechtigung.

Das Tragen eines Stockes hat Veranlassung gegeben zu dem Namen
Σκίπων (CIA 1 no. 412 s; 5. Jahrb.), Θορίκιος (CIA 2 no. 172 so; 4. Jahrb.); Freigelassner in Larisa (Mittb. 7. 227 s1).
Zur Zeit der alten Komödie ward das Tragen des σκίπων als τρυφή betrachtet. Vgl. Athen. p. 553 e Καὶ τὸν ἐπὶ Θεμιστοκλέους δὲ βίον Τηλεκλείδης ἐν Πρυτάνεσιν ἁβρὸν ὄντα παραδίδωσι. Κρατῖνος δὲ ἐν Χίρωσι τὴν τρυφὴν ἐμφανίζων τῶν τῶν παλαιτέρων φησὶν

ἁπαλὸν δὲ σισύμβριον ἢ ῥόδον ἢ κρίνον παρ' οὓς ἐθάκει,
μετὰ χερσὶ δὲ μῆλον ἕκαστος ἔχων σκίπωνά τ' ἠγόραζον

---

1) Σ..ΜΜΑΧΟΣ ΣΤΥΡΑΚΟΣ die Abschrift, vom Herausgeber mit Σ[ύρ]μαχος Στυραίος umschrieben. Aber hinter dem ersten Namen ist ein zweiter im Genitiv zu erwarten, und Στυραῖος ist kein Ethnikon.

(Meineke 2. 146). Die erste der oben erwähnten Persönlichkeiten kann also durch den Namen Σκίπων als τρυφῶν an den Pranger gestellt worden sein. Dagegen hat Jemand, der einen Stock trug, in der Zeit des Demosthenes als Plebejer gegolten: Demosth. 37. 52 Νικόβουλος δ' ἐπίφθονός ἐστι καὶ ταχέως βαδίζει καὶ μέγα φθέγγεται καὶ βακτηρίαν φορεῖ [1]). Folglich kommt auch der Θορίκιος, der auf einer der Zeit des Demosthenes angehörenden Urkunde erwähnt wird, durch den Namen Σκίπων in einen ganz andren Geruch, als der Athener des vorangehenden Jahrhunderts.

[1]) Hingegen verräth es ἀσκευία einen krummen Stock zu tragen: ἀμέλει δὲ καὶ πίθηκον θρέψαι δεινὸς καὶ τρίγορον κτήσασθαι καὶ Σικελικὰς περιστερὰς καὶ δορκαδείους ἀστραγάλους καὶ Θουριακὰς τῶν στρογγύλων ληκύθους καὶ βακτηρίας τῶν σκολιῶν ἐκ Λακεδαίμονος .... Theophr. Charakt. 5. 9 vom ἄρεσκος.

Nachträge.

S. 11 ist bei den Zeugnissen für Πέτακκος die melische Grabschrift Δαμότιμος Πετταίκου (Ross Inscr. ined. no. 241) übersehen.

S. 34 ist ein Erklärungsversuch des Namens Καμπᾶς unternommen, der durch Κάμπος (Pridik De Cei insul. reb. 160 no. 39,11) erschüttert wird.

Namenverzeichnis.

(Die mit † bezeichneten Namen sind im Texte bestritten).

Ἀγκυνλος, Ἀγκυλίνο 24.
Ἄγριος 54.
Αἰγίσυρος 42.
Ἄκανθος 89.
Ἀκριδίων 51¹).
Ἀλόπεκος 52.
Ἀρκτίνος 37.
Ἀρύστας 60.
Ἀτταγῖνος 45.
Ἄχνων 17.

Βαβέρτας 52.
Βαίτων und Sippe 81.
Βαίκαλος 48.
Βάρβαξ 27.
Βάτραχος, Βατραχίων 79.
Βάτταρος 46.
Βάτυος und Sippe 75.
Βιμβαυίδας 50.
[Βμλανίων 52.
Βοίθυς 54.
Βομβύλος 46.
Βραχύλος und Sippe 10.
Βρόντος 40.
Βρουνίων 51¹).
Βρύχων 46.

Γαιτίας (maked.) 85.
Γάστρων, Γάστρος 31.
Γαύρος, Γαύρις 64.
Γαύσος 31.
Γλαφορίδας 68.
Γλύκης 25.
Γνάθων und Sippe 29.
Γνιςωρίδης 62.
Γυγγύλος 14.
Γρῖνος 73.
Γρίσων 55.
Γρῖσος 54.
Γρηςτός 72.
Γρύλος und Sippe 68.
Γρύπος und Sippe 27.
Γυρίδας, Γύρων 81.
Γώρυντος 52.

Δινθίλος 24.
Δωρίας 81.

Διδασκαλώνδας 72.
Δίσκος 51.
Διφρίδας 79.
Δόλιχος 9.
Δόναξ, Δόνακος 16.
Δράκων 68.
Δρόμος und Sippe 36.

Ἐλάτων 9.
† Ἕλαςος 45.
Ἔποψ 29.

Εὔρυαλος 12¹).
Ζέλλων 28.

Θροίτας 21. 65.
Θίβρος und Sippe 75.
Θωπίας 64.
Θώραξ, Θωρακίδης 82.

Ἴαμβος 73.
Ἴοραξ, Ἵεραπος 27.
Ἰκτῖνος 27. 67. 69.

Κάλαμις, Καλάμμις 16.
Καμπᾶς 54, sieh Nachtr.
Κάναχος 46.
Κάνθαρος und Sippe 57.
Κάνων 73.
Κάχος und Sippe 80.
Κάπρος 37.
Κάραβος 21. 43.
Καρδαμίων 59.
Καρκίνος, Καρκινίων 23. 35.
Καρφίνας 16.
Κίγχραμος 44.
Κεράμων 72.
Κερκιδᾶς 85³).
Κερκίνος = Καρκίνος 35⁴).
Κέρκις und Sippe 35.
Κέφαλος und Sippe 29 f.
Κήλων 62.
Κήτων 6.
Κίωττος 79.
Κιονίδης, Κινάθων 57.
Κίνδων 49.
Κίρος und Sippe 48.

Κίρρια . . . . 41.
Κνίφων, Κνιφᾶς 69.
Κόκκος, Κοκκίων 41.
Κόκκυξ, Κοκκοβίας 54. 69.
Καλοιός 28. 42. 69¹).
Κόννος und Sippe 80.
Κόπρων, Κόπρις 77.
Κόραξ 28. 42. 69.
Κόρδαξ 64.
Κόρθυς 40.
Κόροιβος, Κοροιβίδης 53.
Κόρυδος, Κορύδαλλος 39.
Κόρυθος. Κορυθίων 39.
Κόσταρβος, Κοσορβίας 80.
Κορύπτας 65.
Κόρυψ 12 f.
Κόρωνος und Sippe 28. 42.
Κόσσιμβος 81.
Κόττυφος, Κοξυφίων 17.
Κρίθις und Sippe 82.
Κριάς ;17¹). 65.
Κρωβύλος 79.
Κύλλος und Sippe 33.
Κύμβαλος 58.
Κέρκαψ 72.
Κίρρινος 81.
Κύθων 51.
Κωμαρδίων 54.
Κώτυψ 69.

Λαιδρίας 64.
Λάλαξ 56.
Λάσιος 36.
Λέφειρος 74.
Λέμβος 68.
Λέπτος und Sippe 15.
Λίπαρος und Sippe 76.
Λέφαυος 64.
Λόβων 29.
Λοίμων 62.
Λόρβαξ 81.

Μύρων 22.
Μύλακος, Μαλάκων 75.
Μέργος 59.
Μάστος 61.
Μίθυλλος, Μίθων, Μιθύστης 61.

Μέτωπος 22.
Μίχρος und Sippe 2 f.
Μιλτιές und Sippe 41.
Μίτος und Sippe 15.
Μόθων 71.
Μόλοβρος 77.
Μόρμις und Sippe 18.
Μόρυχος und Sippe 52.
Μύλλος und Sippe 30.
Μυλωθρός 72.
Μυρμηίδας 50¹).
Μύρμηξ, Μυρμίδας 50.
Μύρων und Sippe 26.
Μῦς 62.
Μύσκελος 34.
Μύστρος 60. 72.
Μύχης und Sippe 32.
Μύων 69.

Νάσσος und Sippe 12.

Ξουθίας 40.

Ὁμραιίων 59.
Ὄρτυξ, Ὀρτυγίων 69.
Ὀσχίων 32.
Ὀχρωάδας 65.
Ὀψσύλλος 23.

Πωιδικός 18.
Πάτωιος, Πατωικίων 11, sieh Nachtr.
Πάχης und Sippe 18.
Πελώρης 8.
Πίρδιξ 62.
Πέταλος, Πέταχος 15.
Πίθηκος und Sippe 18. 67. 68.
Πίμπων, Πίμφις 58.
Πίπος 56.
Πιτύας 9.
Πλατής, Πλάτων 13.
Προθυο(ς) 12.
Πυρραλίων 42.

Ῥαίβος 34.
Ῥαμφίας 23.
Ῥάπις 12. 55.
Ῥηγιλίας, Ῥόγχων 18.
Ῥίνων 27.
Ῥόθος 46.
Ῥοῖκος 34.

Ῥόγχων 28.
Ῥύμβις 50.

Σάθων, Σαθῖνος 82.
Σαίνων 64.
Σάννης und Sippe 66.
†Σάραβος 63.
Σάρδουν 66.
Σάτυρος und Sippe 19. 60.
(Σίλινις 37).
Σιληνός, Σιλανίων 19. 60.
Σίλλαξ und Sippe 66.
Σίμος und Sippe 25.
Σισύμβρινος 70.
Σίσυρος 82.
Σίσυρος 50.
Σίφων 61.
Σκαῖος, Σκαίων 19.
Σκιλίας 35.
Σκίπων 82.
Σκιραφίδας 57.
Σκίταν 74.
Σκύλλος 80.
[Σ]κορπίων 59.
Σκυθης und Verwandtes 28. 42.
Σμίλις, Σμίλων 72 f.
Σμοίως 59.
Σόλων 51.
Σπιθαμαίος 11.
Σταλαγμός 12.
Στιώνθης, Στίαξ 57.
Στομάς 23. 64.
Στόμος, Στόμυλος 66 f.
Στράβαξ, Στράβων 23.
Στρούβιλος 50.
Στρογγυλίων 14.
Στρούθος 49.
Στρούμβος und Sippe 50.
Στρούθος und Sippe 8 f. 17. 68.
Στρυμαίογης 64.
Στυππαξ 72.
Στυρφέ 24.
Στίφων 59.
Σύρταξ 71.
Σχοῖνος, Σχαιρίων 51.
Σχίδιξ 10.
Σχθρος 10.

Τιθύμαλλος 41⁴).
Τόρων 73.
Τράχαλος 31.

Τρίβων 82.
Τρυχᾶς 55.
Τρόχεις, Τρόχης 51.
Τρυγίας 59.
Τρίψον 75.
Τύννος und Sippe 11.

Ὑποβολιμαῖος 70.

Φακῆς 44.
Φίλαυρος, Φαλακρίων 37 f.
Φίλανθος, Φαλανθίδης 38.
Φιλωριν 38¹). 81.
Φαλαρίουν 38.
Φάλαρος 38.
Φαλλίνος 38.
Φλέας 58.
Φλίβων 82.
Φλίολαξ 58¹).
Φλόγαξ 58.
Φοῖξος und Sippe 21.
Φόρμος und Sippe 81.
Φόρυς und Sippe 77.
Φρίξος 59.
Φρύνος und Sippe 14.˜43.
Φύσκων 31.
Φωσίως 44.
Φώσων 82.

Χαβίας und Sippe 34.
Χαίτος und Sippe 35.
Χάλκιτος 58.
Χαμαιλέων 44. 67.
Χαρωδίνος 60.
Χαῦνις, Χ[ατ]νιος 52.
[Χ]μίλων 30.
Χιλονίων 49.
Χίλων, Χίλεως, Χιλής 30.
Χλαινίας 32.
Χλίδων 75.
Χναιώδης 78.
Χνούδας 39.
Χοῖρος und Sippe 45.
Χρίμης und Sippe 47.

Φασάς 12. 46. 55.
Φάρων 57.
Φήν 62.
Φλαξ 12. 40.

Inhaltsverzeichnis.

Einleitung 1
Erstes Capitel: Der Mensch als körperliches Wesen 7
I. Der Körperbau.
Unproportionierte Gestalt 7. Übermaass der Länge und Breite 8. Lange Leute 8. Kleine Leute 9. Dicke Leute 13. Magre Leute 15. Leute von schreckhaftem (18), von affenartigem (18), von eulenartigem Aussehen 19. Dickköpfe 20. Spitzköpfe 21. Langköpfe 22. Breitstirnes 22. Leute von auffälligen Augenbrauen 23. Schieler 23. Blinzler 24. Triefaugen 25. Stumpfnasen 25. Habichtsnasen 26. Grossnasen 27. Leute mit starken Ohrlappen 29; mit starken Kinnbacken 29; mit grossem Munde 29; mit wulstigen oder zuckenden Lippen 30. Langhälse 31. Bucklige 31. Dickbäuche 31. Leute mit starken Hüften 32; mit grossen Geschlechtstheilen 32. Krummbeine 33. Langbeine 35. Leute mit üppigem Haare 85. Kahlköpfe 37. Milchbärte 39. Rauhbaarige 39. Leute, die nach der Haarfarbe (40), nach der Gesichtsfarbe (41) benannt sind.
II. Sprache und Geräusche.
Leute mit dröhnender (46) und mit dumpfer Stimme 46. Leute mit Sprachfehlern 46. Brummbärte 47. Schnarcher 48.
III. Geschlechtliches Unvermögen 48.
IV. Gebrauch der Gliedmaassen. Körperliche Fertigkeiten.
Linkhändige 49. Leute mit schwerfälligem Gange 49. Zappler 49. Leute, die in körperlichen Spielen gewandt sind 51.
Zweites Capitel: Der Mensch als geistiges Wesen 52
I. Intellect.
Beschränkte und Ungebildete 53. In der Rede Ungeschickte 55. Schwätzer 55. Durchtriebene Köpfe 56. Leute, die sich in der Wissenschaft, in geistreichen Spiele oder in der Kunst auszeichnen 57.
II. Gemüth.
1. Temperament.
Jähzornige 58. Verdriessliche 59.
2. Charakter.
Τῠφιετοί 59. Vielesser 60. Trinker 61. λάγνοι 61. Freche 64. Streitsüchtige 65. Hoffährtige 65. Undankbare 65. Spötter 66. Trotzige 66. Arglistige 67. Charakterlose 67. Schmeichler 68. Feiglinge 68. Knauser 69. Diebe 69. Taugenichtse 69.
Drittes Capitel: Der Mensch als Glied der Gesellschaft 70
I. Sociale Stellung.
Leute von unebenbürtigem Herkommen 70. Leute, die auf Erwerbsthätigkeit angewiesen sind 71. Arme Leute 73.
II. Lebensführung.
Schwelger 75. Schmutzfinken 76. Leckermäuler 78. Wassertrinker 78. Anhänger sitzender Lebensweise 79. Liebhaber bestimmter Trachten 79.
Nachträge 83